子どもの生命を脅かす教師の精神

子どもの生命が輝く、教師・教育・研究の在り方

成田 孝

大学教育出版

ま え が き

　教師が、子どもに一方的に教えることは簡単である。程度の差こそあれ、このような教育が教育現場ではいまだに支配的である。

　しかし、教育は教師と子どもが共同で学びを創造していくものである。「教師が主導して教える」教育から、「子どもが主体的に学ぶ」教育への転換が求められている。そのためには、教師が一方的に知識を伝達するのではなく、子どもとじっくり対話していかなければならない。だが、対話は簡単ではない。性格（気質）・経験・知識・感性などは、子ども一人一人異なる。しかも、教師は断片的にしか把握できない。

　教師が子どもと対話し、子どもが主体的に学びを創造する教育のハードルは高い。このハードルを回避している教師も少なくない。子どもの人格形成を考えると、教師は子どもが主体的に学びを創造する教育を必死になって探究し続けなければならない。

　教師は、授業で「何をどう教えるか」には強い関心を持っている。方法論であり、ハウ・ツーである。このこと自体は間違いではない。教育を支えているのは、教師の思考・価値観・人間観・世界観・子ども観・教育観である。しかし、教師が自分の思考・価値観・人間観・世界観・子ども観・教育観を意識することはない。方法論やハウ・ツーは、教師の思考・価値観・人間観・世界観・子ども観・教育観に大きく左右されることを自覚しなければならない。

　教師の思考・価値観・人間観・世界観・子ども観・教育観に関わる「精神・思考の本質」を理解した教育論・授業論は、ほとんどない。教育界の盲点になっている。いくら題材や支援を考えても、教師の「精神・思考の本質」を踏まえなければ砂上の楼閣と化す。教育の核心に関わる「教師の精神・思考」の本質を、教育界がほとんど取り上げてこなかったことは信じられない。本書は、教師の思考・価値観・人間観・世界観・子ども観・教育観を根底で支えている「教師の精神・思考」に焦点を当てた。

　本書における「精神」の考え方は、ドイツの哲学者ルートヴィッヒ・クラーゲスに依拠している。クラーゲスによると、人間の精神には生命と敵対・抗争する「執我としての精神」と、生命と協調する「捨我としての精神」の両極性があるとされる。教師の精神が「捨我」のときは子どもの生命は輝くが、「執我」のときは子どもの生命は危機に瀕する。このように、教師の精神には「子どもの生命を輝かせる」側面と、「子どもの生命と敵対する」側面がある。本書は「子どもの生命と敵対する」側面を強調するために、書名を『子どもの生命を脅かす教師の精神』とした。

　教育現場は残念ながら、子どもの事情よりも教師の都合が優先している。教師の都合が優先する元凶は教師の「精神」で、それも「執我」としての精神である。本書では、「執我としての精神」及び「捨我としての精神」に具体的に言及した。

　そして、「執我」に基づく「概念的思考」と「捨我」に基づく「指示的思考」を比較しながら、教師の思考が「指示的思考」でなければ子どもの生命が輝くことができないことを論じた。

　教師は「精神・思考の本質」を理解するとともに、教師の精神が「捨我」を基盤にしなければ、子どもが輝く学びを創造することはできない。

　さらに、子どもの生命が輝くための教育・研究の在り方を、「教師の姿勢」「題材」「支援」「教員養成」「学習指導案」「研究・授業研究・研修」「授業記録」「研究発表」などの視点から明らかにした。

　本書は、子どものための教育を創造するために、「教師の精神・思考」と「教育・研究」の本質に迫る「子どものための教育核心論」である。ハウ・ツーやマニュアルに頼る教育界、研究・研修が疎んじられている教育界に対する再考の書でもある。本書が授業を根底から見直し、授業及び教師が本質的かつ根本的に変わる契機になれば幸いである。

子どもの生命を脅かす教師の精神

―子どもの生命が輝く、教師・教育・研究の在り方―

目　次

第Ⅰ部

子どもの生命が輝く「教師の精神・思考」の在り方

　人間には自我があり、精神が宿って、思考する。地球・自然・文明を破壊し続けているのは、人間の精神・思考である。第Ⅰ部では、精神・思考の本質を論じる。

　ドイツの哲学者ルートヴィッヒ・クラーゲスによると、人間の精神には生命と敵対・抗争する「執我としての精神」と、生命と協調する「捨我としての精神」があるとされる。そのうえで、子どもの生命が輝くためには教師の精神が「捨我としての精神」でなければならないこと、教師の思考が「執我としての精神」に基づく「概念的思考」ではなく、「捨我としての精神」に基づく「指示的思考」でなければならないことを明らかにする。

　最後に、学習指導要領の本質的な問題点にも言及する。

第1章
人間とは何か

1 人間の立ち位置

（1） 人間と宇宙・地球は不可分な関係

　人間は突然現れたのでもなく、単独で存在しているのでもない。まず、太陽系にある地球という惑星に生きている。地球の自転や公転による、1日24時間で昼夜を伴う概日リズム（サーカディアンリズム）や季節を生む年365日の概年リズムがある。概日リズムは「睡眠 ― 覚醒」のリズムを生み、脈拍・血圧・呼吸・体温・ホルモン分泌の変動などももたらしている。さらに、潮の干満と大潮小潮の交替に関わる概潮汐リズム（概月リズム）もある。

　季節のリズムは、魚の回遊、渡り鳥、植物の発芽・開花などを挙げるまでもない。1年を24等分した24節気（啓蟄・夏至・立春等）は、よく知られている。食欲の秋、春の目覚め、などの言葉もある。

　このように、地球上の生き物（植物・動物・人間）がいかに宇宙・地球のリズムと不可分な関係にあるかが分かる。このように、人間を含む生物は、宇宙・地球と呼応しながら、宇宙・地球と一体となって生きている。

　系統発生によれば、海から上陸を試みた両生類の誕生が今から4億年くらい前、完全に上陸した爬虫類が3億年くらい前と推測されている。生命が海に誕生したのが今から40億年くらい前と言われているので、地球に生命誕生後の約9割は海中で生活していたことになる。上陸後は太陽の影響を強く受けるが、海中での生活は太陽よりも月の影響を強く受ける。人間は発生の歴史を考

えると太陽以上に月の影響を受けているし、からだに深く刻み込まれている。

　このように、人間は宇宙・地球のリズムと一体となり、無意識に呼応しながら生きている。地球には重力や引力が働き、太陽光にも照らされる。地球には、空気（酸素）、水、温度（熱）などもある。

　また、人間は地球に生命が誕生した40億年くらい前からの、系統発生により出現している。そして、個体発生は系統発生を繰り返し、系統発生の歴史が生命記憶として人体に刻み込まれている。鶏の有精卵を通して脾臓の発生を研究していた三木成夫は、鶏が受精4日目に海から陸に上陸すること、それが人間では受精後32日目から38日目にあたるという歴史的な発見をしている。脊椎動物が1億年要した「えら呼吸から肺呼吸」を、人間は1週間で通過すると。えら呼吸は内臓性で、生命的呼吸と言われる。一方の肺呼吸は体壁性で、意志的呼吸と言われる。

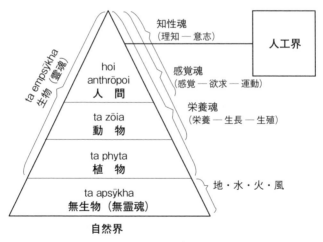

図1　地球界

（2）地球界の構造

　図1の「自然界」は、アリストテレスの考えに依拠している[1]。　アリストテレスは、人間には固有の思惟的部分（知性魂）、つまり知性・理性（理知）があるとしているが、「知性魂」を「自我」に、「理知」を「精神」に置き換え

たい。なぜなら、人間の本質は「自我（精神）」にあるとともに、自我の実行者が「意志」にあるからである。また、「知性・理知」では人間の本質が見えてこないし、誤解が生じると思っている。なぜなら、「理知」にはよいイメージしか持たない人が多いと思われるが、「理知」は精神によって概念化されたものなので、負の側面もある。負の側面は後述する。

　図1の最下層「無生物」には、狭義の無生物もあるが、「地・水・火・風」は四大とも言われ、宇宙・地球の根元的要素とされる。よって、「地・水・火・風」を「地（地面・土）・水・火・風」と額面どおりに受け取ってはならない。

　図1の「無生物」は、「人間・動物・植物」以外の全てである。当然、引力・重力・地磁気・太陽光・空気（酸素）、温度（気温・水温・地温）なども入る。太陽光は植物の光合成に必要だし、人間の体内時計とも密接に関わっている。地球の公転が生み出す季節による温度変化や地磁気は、植物や動物のセンサーによって捉えられる。空気（酸素）がなければ動物は呼吸することができない。

　このように、最下段の「無生物」層は生命にとってなくてはならない絶対不可欠なものである。よって、図1の階層は人間が自然界の頂点に君臨しているという意味ではない。上下関係ではなく、下層に支えられ、密接に関連している関係である。全ての層が仲間であり、一体である。その証拠に、人間は動植物のみならず、石などの無生物にも心を動かされる。下層にいくほど重要なのに、現代は人間が所属する最上層のみにますます目が向いて、足元をすくわれている。概念に縛られ、我欲を強め、地球・自然の支配者に成り下がっている。生命を考えると、極めて危機的な状況である。教育も、教室に閉じこもって、概念的に思考し、知識の集積に励んでいる姿は滑稽ですらある。

　狭義の「無生物」には、生体を構成する酸素・炭素・水素・窒素以外の元素で構成されている化合物である「無機物」と、生物の体内でつくり出されるタンパク質・脂肪・糖質などの「有機物」がある。「無機物」には、ミネラルのナトリウム・カリウム・カルシウム・マグネシウム・リン・鉄・亜鉛・マンガン・ヨウ素・セレン・モリブデン・クロム・銅などもある。毒と思われている「ヒ素」も、人体には必須の元素である。

　これらのミネラルは、厚生労働省の健康増進法施行規則で摂取が望ましいミネラルとされている。鉄の欠乏は貧血、亜鉛の欠乏は味覚障害・免疫力低下・肌荒れ、カルシウムの欠乏は骨軟化症・歯質低下・骨粗鬆症、ナトリウムの過剰摂取は高血圧・脳卒中のリスクなどが知られるように、ミネラルは人体に不可欠である。30億年を遥かに越える海中生活で、海水に含まれるあらゆる元素を人体に取り込んだと思われるので、あらゆる元素が人体に必要なものとして存在することは驚きではない。

　人体の約60％を占める水も無機物である。人体には、水のほかにタンパク質（約15-20％）、脂肪（約13-20％）、糖質（約1％）、ミネラル（約5-6％）があると言われている。無機物は直接摂取することもあるが、野菜・果物・魚・肉などを通して摂取される。

　以上から、「無生物」は、生物に密接に関連しているし、無生物なくして生きることはできない。

（3）　反自然界としての人工物と教育の課題

　地球にはもともと存在している自然もあるが、もともと地球にはないが人間がつくり出した「人工のもの（人工界）」がある。人工のものには、原子力・武器・プラスチック・人工衛星・ダム・埋め立て地・造成地・地下街・ロボット・コンピュータ・LED・乗り物・電気製品・高層ビル・携帯電話・街灯・砂糖・衣類・耕作地・品種改良・文化・芸術・法律・制度・システムなどがある。人工物で形あるものは、自然にあるものからつくられることが多い。文化・芸術も、自然を手がかりにすることが多い。現代はデジタルによるAI（人工知能）・IT（情報技術）・ICT（情報通信技術）なども加わって、便利で快適な生活の追求が加速し、人間と自然の分断に拍車がかかっている。

　自給自足を目指している人や奥地で生活している人のテレビ番組を視聴すると、豊かさを感じることがある。我々が享受している便利で快適な生活は、すべて反自然の産物である。便利で快適な生活を全否定し、原始時代に戻ることは現実的ではない。必要最小限の、便利で快適な生活は享受してもよいが、文明とは何かを考えずにはいられない。自然と共存し、いかに生命がこの地球

で豊かに生きるかの視点で考えると、現代文明は進化どころか退化している。

　人間がつくり出したものは有益なものもあるが、有害なもの、反自然のものも少なくない。オゾン層破壊・海洋汚染・温暖化（二酸化炭素）・種の根絶・民族の迫害・戦争・遺伝子操作など、人間によって地球環境・自然・文明が破壊され続けている。

　さらに、AI・IT・ICTによって「人間と自然」分断が進み、反自然・反生命性が加速している状況を考えると、人間の自己ロボット化が進んでいる。地球環境・自然破壊の元凶は、人間の自我であり、精神であり、意志である。

　以上から、次の3点を指摘できる。

① 　人間は地球という惑星で生きているので、宇宙・地球のリズム及び地球の環境・自然との対話なしには生きられない。

② 　人間は突然生まれたものではないし、人間にとって「無生物」「植物」「動物」は欠かせない存在である。

③ 　人間の自我（精神・意志）は有益な文化などもつくり出すが、武器などの有害なものもつくり出したり、地球・自然を破壊したりする。

上記の3点を受けて、教育では次の2点考えなければならない。

① 　教育という狭い世界で教育を考えるのではなく、宇宙・地球のリズムや自然（無生物・植物・動物）に心を開いて、自然や自身の生命性と対話する教育をいかに展開するか。

② 　人間の自我（精神・意志）の働きを理解するとともに、自然と敵対するのではなく、自然と調和する知性（精神）をいかに育むか。

2　植物・動物・人間の特徴

　図1にあるように、植物の特徴は「栄養―生長―生殖」にある。三木成夫による、「生長繁茂・開花結実」である。そして、三木成夫は、植物は「食」と「性」の細胞が位相交代するので、一元的であるとしている。植物は大地に根差し、大地から無機物、空から雨、空気から炭酸ガスを取り入れ、光合成によって有機物を合成する。植物は、宇宙と対話しながら生きている。また、

植物は植物よりも下層にある「無生物」に依存するが、受粉などでは上層の「動物」に依存するものもある。

　動物の特徴は、「感覚 — 欲求 — 運動」にある。三木成夫は、動物の「食」と「性」の細胞は最初から出現するので二元的であるとしている。動物には光合成能力がないので、栄養は他に依存しなければならない。植物は独立栄養だが、動物は従属栄養なので食を求めて移動しなければならない宿命がある。また、動物は動物よりも下層にある「植物」及び「無生物」に依存しなければ生きていくことができない。

　人間も動物なので、動物と共通する特徴があるのは当然である。そのうえで、アリストテレスは人間には動物にはない思惟的部分としての「知性」があるとしている。

　人間の特徴に「言葉を使う」「道具を使う」「コミュニケーションをとる」などを挙げる人もいるが、それは本質ではなく、現象にすぎない。そして、植物・動物・人間の三者の関係を「植物の栄養的なくらしには生の原形がなまの形で現れるのに対し、動物のそこには、この営みを成し遂げるための感覚的な機能が新たに表面に押し出され、人間では、この感覚性をさらに統禦する理性的な働きがすべての上に君臨する」[2] としている。「理性的」とは、「精神的」のことである。ここから、植物は「栄養」、動物は「感覚」、人間は「理性（精神）」をその特徴としていることが分かる。

　アリストテレスは、人間にも「栄養 — 生長 — 生殖」を掌る植物的な営みである「植物性器官」と、「感覚 — 欲求 — 運動」を掌る動物的な営みである「動物性器官」の両器官があることを最初に指摘したと言われている。人間はいきなり出現したのではないので、人間の中に植物的なものと動物的なものがあるのは必然である。

3 人間の中の「植物性器官」と「動物性器官」

人間が植物及び動物と密接な関連があることは、それぞれに対応した器官があることから証明できる。

人間の中の植物性器官と動物性器官を、三木成夫『ヒトのからだ―生物史的考察（うぶすな書院、1997 年)』から概括する[3][4]。

植物性器官は「栄養―生殖」に関わる器官で、次の 3 群に大別される。

①　腸管から栄養物をとり入れる「消化―呼吸系（吸収系)」

②　吸収された栄養物を血管を通して全身に配る「血液―脈管系（循環系)」

③　性細胞と老廃物が体腔の池へこぼれおちた後、ともに排出管を通って体外に出す「泌尿―生殖系（排出系)」

このように、植物性器官は「吸収―循環―排出」を営む。そして、「吸収」が「腸管」に、「循環」が「血管」に、「排出」が「排出管」によって行われる。さらに、「腸管」は「胃・腸・肺・肝臓」に、「血管」は「動脈・静脈・心臓」に、「排出管」が「腎臓・体腔・性管」に分化して内臓の諸器官になる。植物性器官である心臓に筋肉が著しく発達し、植物性器官の頂点に心臓が君臨する。

一方、動物性器官は「感覚―運動」に関わる器官で、次の 3 群に大別される。

①　外皮によって、下界の変化を受けとる「感覚系（受容系)」

②　受け取った下界の変化を、神経系を介して全身に広げる「神経系（伝達系)」

③　さらに、筋層にまで刺激が及び、運動となって現れる「運動系（実施系)」

以上のように、動物性器官は「受容―伝達―実施」を営む。そして、「受容」が「表皮層」に、「伝達」が「神経層」に、「実施」が「筋肉層」によって行われる。さらに、「表皮層」が「皮膚・感覚諸器官」に、「神経層」が「末梢・中

枢神経系」に、「筋肉層」が「筋肉・脊索・骨格」に分化する。中でも、神経系、特に脳に著しく、動物性器官の頂点に脳が君臨する。

4　人間における「植物性器官」に対する「動物性器官」の介入

　人間も生き物なので、「栄養―生殖」に関わる「吸収―循環―排出」の植物性器官は欠かせない。植物はその場から動くことができないので、置かれた環境を全面的に受容し、生は自然の 意 <ruby>こころ</ruby> のままに行われる。

　しかし、動物は「感覚―運動」により、欲求に従って、自然の意に関係なく動き回ることになる。その結果、植物性器官である内臓管の壁に筋肉が発達して神経が分布するという、重大な変化、つまり植物性器官に対する動物性器官の支配・介入が起こってくることを三木成夫は指摘している。具体的な例をいくつか紹介する。

　　　動物の呼吸が、水中のえら呼吸から陸上の肺呼吸にかわったとき、特にその呼吸運動にひとつの革命のおこったことがわかる。それは、呼吸の筋肉が、鰓腸 <ruby>さいちょう</ruby> の植物性筋肉から、胸壁の動物性筋肉へひき継がれたということであって、この時から、呼吸という植物的ないとなみが、ついに動物的な運動系によって支配を受けることになってくる。(68-69頁)

　　　はじめ腸管の周囲に植物性器官として発生した血管が、しだいに発達してその分布領域をひろげ、ついには動物性のすべての器官のすみずみにまでいきわたるという、大きな流れのあることをあきらかにした。…こうして、心臓の発達とは、植物器官である心臓に筋肉や神経、つまり動物性器官の介入を意味するものであることがあきらかとなった。(85-86頁)

　　　腸管と尿路の分離にともない、総排出口の出口をしっかりと閉じていた括約筋の一部が、特別に分かれて、尿路をせきとめるようになり（尿道括約筋）、さらに人類の直立にともなうしっぽの退化とともに、しっぽを動かす筋肉が骨盤の出口をしっかりとふさぐようになる（骨盤隔膜 <ruby>こつばんかくまく</ruby>）ということである。これらの筋肉は、あくまでも体壁系に属する動物性の筋肉であることはいうまでもない。すなわち植物性器官である膀胱 <ruby>ぼうこう</ruby> もまた、時とともに動物性筋肉の介入を受けることになるのである。(93頁)

　このように、「吸収系」「循環系」「排出系」という全ての植物性器官に、動物性器官の介入が見られる。

　植物性器官に対する動物性器官の介入の理由は、生存競争か、探求心か、欲望などかは分からないが想像するしかない。例えば、人間が多くの食料などを得ようとすると、より動かなければならない。動くためには、心臓の馬力を高めて血液を血管の隅々まで送ったり、肺活量を増やしたり、筋肉を高めたりしなければならなくなる。人間が多くのものを得ようとするのは、人間の我欲である。動物性器官が介入する元凶は、人間の我欲ではないだろうか。我欲の行き着くところは、自然破壊・文明破壊・戦争である。

　植物性器官に対する動物性器官の介入によって、直立し、視野が広がり、手が自由になり、脳と心臓が肥大し、動物にはない人間固有の「精神」が闖入（ちんにゅう）したのではないかと思っている。「精神」が、人間の身体に似つかぬほど大きく複雑な脳と心臓を生んだのではないだろうか。「精神」とは、人間の自我である。自我には、後述する「執我（我欲）」と「捨我」がある。

　人間も生物なので、植物性器官とけんかすると人間の生命は危機に瀕（ひん）する。植物性器官は仕返しすることができないので、動物性器官に締め付けられると調子を崩し、さまざまな症状として現れる。

　「思」という漢字は、動物性器官の頭（脳）を表す「田」と植物性器官心臓を表す「心」から成り立っている。「田」が「心」の上に立って「心」を支配するのではなく、「田」と「心」が協調している姿である。動物性器官と植物性器官が仲よくしている姿である。

　人間の感情には「腹が立つ」「肝を冷やす」「胃が痛い」「腑（内臓）に落ちる」「五臓六腑にしみわたる」「五臓六腑が煮えくりかえる」など、植物性器官である内臓に由来するものも少なくない。これは、植物性器官である内臓に対する動物性器官の介入によって心の働きが目覚めたと言える。植物性過程は動物性過程を介して意識することが可能になる。よって、植物性器官と動物性器官で構成され、さまざまな感覚器官を持つ人体（肉体）の働きが重要となる。教育にあっては、人間にも植物性器官が存在するので、植物のように宇宙や自然の意（こころ）に心（心情）を開いていかなければならない。

5　クラーゲス人間学における人間の図式

　第Ⅰ部の本項・次項及び第Ⅰ部の第2章・第3章は、ドイツの哲学者ルートヴィッヒ・クラーゲスに依拠している。世界及び我々の大半は、意識するしないにかかわらず、クラーゲス人間学とは真逆の一元論に支配されている。クラーゲス人間学が難解に思われるのは、ドイツ人でさえ難解と言われるドイツ語にあるのではなく、多くの人の自我を形成している思考方法・価値観・人間観・世界観にある。その思考方法・価値観・人間観・世界観が、無意識にクラーゲス人間学の理解を妨げる。

　以下、「精神と心情」「観得と感覚」の違いなどを理解していなければ、クラーゲス人間学とはじめて出会う読者には理解が難しいところも少なくないと思うが、お付き合いいただければ有り難い。なお、筆者の経験から、原著や翻訳からクラーゲス人間学を理解することは簡単ではないと思われるので、205頁の参考文献「クラーゲス人間学を理解するために（主なもの）」に挙げた最初を除く8つの文献を推奨する。

　人間を「こころ」と「からだ」で捉えることが、常識になっている。世の中を支配している思考方法・価値観・人間観・世界観は、人間を「こころ」と「からだ」を一つの層で捉える一元論である。

　アリストテレスあたりから端を発すると言われている「精神・肉体・心情」から感情的世界（心情）を体系的に否定したのがデカルトと言われている。デカルトは、一元論に立脚している。

　一方、「生命（「肉体」と「心情」）」と「精神」の「結合・協調」と「敵対・抗争」の関係を追求したのが、ルートヴィッヒ・クラーゲスである。

　クラーゲスによると（図2）、人間の生命は「肉体」と「心情」からなり、後から「精神」が闖入して生命に宿ったとしている。クラーゲス思想の特色は、「『肉体』と『心情』からなる生命層」と「精神層」の二階建ての二層に捉える二元論にある。そして、「肉体」と「心情」は動物にもあるが、「精神」は人間固有としている。そして、生命を形成する「肉体」と「心情」は両極の不

可分の関係にある。「精神」は「自我」であり、自我はの特色は実行者としての「意志・意欲」にあるとしている。矢印は感情を示す。

　教師が、自身の思考方法・価値観・人間観・世界観・子ども観・教育観が「こころ・からだ」の一元論に根差しているのか、それとも「精神・『肉体・心情』」の二元論に根差しているのかは考えたこともないと思われる。しかし、教師自身が自覚することはないと思うが、「一元論」に根差している教師が圧倒的に多い。人間を「肉体」と「精神」では捉（とら）えることができないし、教師が一元論を基盤としているかぎり、教育に展望はない。

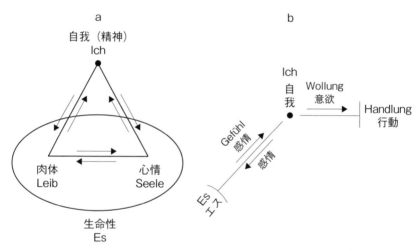

図2　クラーゲスにおける人間の図式（人間性格の構造）[5]

　図2に関して、まず、平澤伸一の解説を紹介する[6]。平澤伸一は「心情」を「体験能力の素地」と定義している。そして、生命性（肉体と心情）及び「精神」の関係を「肉体と心情は個体生命の生命的双極であるのに対し、精神は時空外から侵入した威力であり、楔のように生命的双極連関を引き裂いて肉体から心情を奪い心情から肉体を奪うものとされる」と述べている。「体験能力の素地」とは、現実の諸形象が心情によって現象化することが可能になるという意味であると思われる。なお、精神には生命と協調者の側面もあるが、精神の本質は

生命にとって敵対者であることから、ここでは敵対者としての精神を強調している。

　次に、赤田豊治による解説を紹介する[5]。

　　　自我は、生命性に宿った精神であって、肉体と心情を結ぶ線を底辺とする三角形の頂点にあり、全体を統括する。自我と肉体・心情の間には、覚醒時に不断の対立・緊張関係にあるが、また協力の一時もある。この交流の徴候が感情であるが、肉体・心情の両極間にはもっと緊密な、一体的、不断の連関があり、覚醒時はやはり感情となって自我に伝えられる（図2a、bの矢印）。ところで、人間を動かすものは力、詳しく言えば推進力であって、下層即ち生命層には、動物と共通の本態的欲動がある。それは、食欲・性欲・哺育・自衛・攻撃・遊び・移動であるが、これらすべてに感覚を伴う運動欲動が共通であり必須である。人間では、欲動推進が自我という新たな勢力の作用を受けて、動向という意志推進力となり、その結果遥かに多様な方向の目標を追求する意志行動が出て来る（表2、21頁）。人間の中には、常にさまざまの動向が出番を争い、犇（ひし）めき合っているので、それ自体広い意味での動向間抗争であるが、狭義のそれは二つの動向間の抗争である。

　また、赤田豊治は図２のaを次のように説明している[7]。

　　　動物の生命性においては、肉体の中心に心情があるが、それは肉体の欲動に従属し、これに動かされている。人間では心情が、肉体の欲動を離れて世界の諸形象を観得し得るに至ったので、両者を楕円形の両極として表すことができる。両者は密接不可分に連関し、一方の極に生じた出来事は同時に他の極にも影響を与え、その交流は睡眠時、覚醒時とも不断にある。個体に宿った精神が自我であって、これは両極の上にあって全体を統括し、覚醒時は両極との間に絶えず交流がある。このような両極間、両極と自我との間の交流が感情（矢印）であって、覚醒時は特に自我と両極との間に使者の往復が絶えない。

　なお、「両極」とは「肉体」と「心情」を示す。

　また、吉増克實は、「肉体」と「心情」の動向について、「肉体面が優勢な場合には強い感情、激情として、心情面が優勢な場合にはしみじみした深い情調として告げられる」と述べている[8]。このように、「肉体」と「心情」は深く連関している。

　校長が全校集会などで、こころをしっかり持つことの大切さを話しているのを聞いたことがある。しっかりしなければならないのは「心（心情）」ではなく、「精神」である。「精神」と「心情」の区別ができていないのである。

　子どもに対して、自分の気持ち（生命）を大切にすることや、自分の考えや気持ちをきちんと伝えることの大切さを訴えるなら理解できるが、「心をしっかり持つ」とは、何を言いたかったのだろうか。

　身なりを整え、品行方正で、先生の言うことには素直に従い、活発に活動し、帰宅後も家の手伝いをし、予習・復習に励み、成績優秀な子どもになることを期待しているのだろうか。子どもに「心をしっかり持って」と言う背景には、心がしっかりしていない子どもがいるという認識がある。

　子ども一人一人には生育歴や家庭環境があり、資質も気質も異なり、反抗期もある。全ての子どもが、教師が期待するように、何事にも熱心に取り組むとはかぎらない。多様な子どもと喜怒哀楽をともにしながら、一人一人の個性・資質・気質に寄り添いながら学びを深め、人格の形成に寄与するのが教師の務めである。

　道端のリンゴの木からリンゴを勝手に取る場合、勝手に取るのは盗むことなので、道徳的に「盗むのはよくない」と教えても意味がない。教育的ではない。この場合は、盗むのはよくないという意識（盗むことへの抵抗）よりも、取りたい気持ち（取ることを推進したい気持ち）が勝ったと考えなければならない。いっしょにいた友達が取らなかった場合は、推進よりも抵抗が勝ったからである。このように、行動は善悪で簡単に決めつけるのではなく、推進と抵抗という動向から考察しなければならない。善や正論を振りかざして、形式的・表面的に学ばせるのは意味がない。推進と抵抗は、心の働きではなく、精神の働きである。

　では、当の校長自身はどうなのだろうか。いじめやパワハラ・セクハラは素早く察知して解決し、上司・組合・教育委員会などにいっさい忖度することなく、教材研究や研究・研修に積極的に取り組み、勤務中にスマートフォンを操作することなく、遅刻もなく、自家用車の制限速度超過もなく、喫煙もせず、朝帰りなどもない規則正しい生活をし、帰宅後も毎日家事を分担し、毎日夜遅くま

で勉強し、社会人・教師として模範となるようにきちんとやっているとでも言いたいのだろうか。

　教育で大事なことは、正論を押し付けたり、現象的・表面的にきちんとすることではない。精神の動向を、正しく理解することである。さらに、心情・心情の観得力を豊かに育み、心情の観得力が豊かに発揮される造形性能を確かなものにしていかなければならない。そのためには、しっかりしなければならないのは「心（心情）」ではなく「精神」である。勘違いしてはならない。勘違いするようでは、その教育が心配である。

　教師には、何よりも「『精神』と『心情』の区別ができていること」「我欲・執我として子どもの生命と敵対する精神を克服し、子どもの生命と協調する捨我としての精神を目指すこと」「心情の観得力を高めること」などが求められる。

6　「精神・心情・肉体」の本質

　前項で、人間の生命は「肉体」と「心情」で形成され、その生命に後から「精神」が闖入（ちんにゅう）したのが人間であるとするクラーゲス人間学を紹介した。

　では、「肉体」・「心情」・「精神」の本質をクラーゲスはどのように捉（とら）えているのかを見てみたい。表1は、「肉体・心情・精神」がどのような働きをするかを示したものである。

　「摂受」は、「受け入れる知覚」や「受容」を意味する。「能作」はドイツ語Akt の訳語で、「行為を起こして働きかけること」「思考のための意志」を表す。「領取能作」は Auffassungsakt の訳で「把握能作」「理解能作」「判断能作」とも言われ、「理解・把握・判断」を意味する。「随意能作」は

表1　クラーゲスにおける個人的生命過程 [9]

	摂受面（受容面）	実施面（効果面）
精　神 （自　我）	領取能作 （理解、判断）	随意能作 （意志、意欲）
心　情	観　得	形　成 （造形性能）
肉　体	感　覚	欲動推進 （運　動）

Willensakt の訳で「意志能作」「意欲能作」とも言われ、「意志・意欲」を意味する。「実施・効果」は「発動・行為」と言ってもよい。

　感性体験は「観得」と「感覚」の2つの側面を持っている。「観得（Schauung）」は聞き慣れないかもしれないが、感覚とか意識とかではなく、時空（時間と空間）的に連続する世界の生命的な諸形象と心情が連関・融合・同化する過程・状態とされる。簡単に言えば、「観得」とは「諸形象の 意（こころ）をありのままに感受（感知）すること」といえる。

　筆者は晴天時に山に登ったとき、麓で発生した霧の上昇によって霧に包まれ、刻々と変化する現象と一体になった不思議な体験をしたことがある。これも、観得と言える。ここでの形象とは、霧・岩・山・植物などの対象物を指すのではない。刻々と変化する生命的な現象が形象であり、心情の観得力によって形象の意を感受することが可能になる。そして、観得の性能（感受性）が形成へと推進すれば、芸術（文学・絵画など）などの表出されたもの（造形性能）となる。

　一方の「感覚」は、例えば粘土に手で触ると冷たさやぬくもりを感じる。しかし、粘土から手を離すと、感じることはできない。このように、「感覚」は「いま」と「ここ」という時間と場所が限定され、時空が切り取られ、非時空的形体を捉（とら）える概念化された世界である。観得は感覚を介すので、「感覚」は時空的形象を捉える「観得」に依存することになる。

　表1を概括すると、「摂取・受容・知覚」と「実施・効果・発動・行為」がそれぞれ「肉体」は「感覚過程」と「欲動・運動推進」に、「心情」は「観得過程」と「形成推進・造形性能」に、「精神（自我）」は「領取能作・理解・判断」と「随意能作・意志・意欲」に現れる。

　図2のように、「肉体」と「心情」は極性連関に置かれているので、「肉体」は「心情」を現象し、「心情」は「肉体」の現象の意とされ、無意識にその過程が体験される。

　春の野山を散歩しているとき、あざやかな黄色い花を咲かせている福寿草が目に止まったとする。黄色の花を見いだしたのは、肉体の一部である眼によるところが大きい。そして、花に近づき、匂いも嗅ごうとするかもしれない。歩

いて近づくための歩行も、匂いを嗅ぐための鼻も肉体である。福寿草は造花な
どのように、単独でそこにあるのではない。何よりも刻々と変化する自然の中
で生きている。土もあれば、枯れ葉もある。周囲には草花や樹木もあれば、鳥
や昆虫などもいるかもしれない。さらに、空気もあって、風も吹き、太陽の光
りも注いでいる。この福寿草が咲いている自然の生命的な形象に、肉体がもた
らす感覚が関わりながら、心情が溶け込んで一体となって、受動的に感知され
る。この過程・状態が観得と言える。観得によって肉体にも影響をもたらし、
肉体と心情の生命性が変化していく。

　福寿草に感激し、美しいと思ったり、それをきっかけに一句詠んだり、写真
をとって部屋に飾ったり、絵に描いたりするのは精神の働きが加わらなければ
ならない。しかし、人目を盗んでそこらじゅうの福寿草を根こそぎ掘り出し、
金儲けしようとする働きも精神である。さらに、福寿草の花の色や形などを分
析して概念化するのも精神の働きである。福寿草の目に見える特徴を分析して
も、それは福寿草の一面にすぎない。このように、精神には両面性・両極性が
ある。教育で重視すべきは、後者のような自然科学的な観察ではなく、福寿草
と一体となって福寿草が発する 意(こころ) に耳を澄ますことである。

　クラーゲスは人間の本質を「精神」の「領取能作・理解・判断」ではなく、
「随意能作・意志・意欲」に見いだしている。そして、次章で詳しく述べるが、
「随意能作・意志・意欲」行為は「同情・愛・尊敬」などの「捨我」に発する
ものよりも、「支配欲・私欲・競争心」などの「執我」に発するものが圧倒的
に多いことを指摘している。

　人間と動物の生命は、「肉体」と「心情」の両極的・双極的連関からなる。
連関があるということは、「肉体」や「心情」の変化や出来事は、相互に影響
することである。生命は「肉体」と「心情」からなるので、生命は「精神（自
我）」がなくても存在可能である。

　植物は「心情」も「肉体」も目覚めないが、動物は「肉体」だけが目覚める。
なぜなら、心情が目覚めるための「精神」が植物や動物にはないからである。
また、動物は肉体極に比べて心情極が劣るが、人間は肉体極と心情極が同等に
なり、「精神」が宿って自我者になったとされる[10]。人間における「心情」の

観得力の目覚めが、表出（造形）性能を持つことになる。

　よって、人間の「心情」は動物の「心情」とは異質で豊かなものであることが分かる。動物にも敵に対する恐怖心、仲間に対する思いやりなどの「こころ」はある。しかし、人間と動物の「こころ」が同一でないことは、これまで述べたことからも明らかである。人間と動物の「こころ」が同じと考えるならば、人間を「こころ」と「からだ」で捉える一元論は正当性を持つが、一元論では人間及び人間の精神（自我）を説明することができない。ゆえに、世界・人間・教師を支配している一元論は破綻する。

第2章

「精神」とは何か

　前章では、人間の生命は「肉体」と「心情」で形成され、その生命に後から「精神」が闖入したのが人間であると捉えなければならないことを確認した。そして、「精神」とは「自我」であり、「自我」には「執我（我欲）」と「捨我」があり、「執我」に発するものが圧倒的に多いことを指摘した。

　本章では、「『執我』としての『精神』」及び「『捨我』としての『精神』」の本質と、子どもが輝くための「教師の精神」の在り方を考えてみたい。

1　「精神」の本質

　人間は、強固な自我によって生きている。自我は自分がよって立つ基盤なので、簡単には変わらないし、変えられない。自我は、とても頑固である。人間の「こだわり」も、ここに起因する。

　教師は自分が考えている以上に、自分の授業にこだわっている。相応の自信を持っている。よって、自分の授業を簡単に変えないし、変えることができない。なかなか変えることができない授業を変えるためには、「打ちのめされる」「授業で立ち往生する」「他人から厳しく指摘される」「目からウロコとなる授業・実践・考えを知る」などの衝撃がなければならない。

　精神の動向である「捨我」と「執我」は、白と黒のようにはっきりと分かれているものではない。「捨我」と「執我」には両極性もあるが、二重性や拮抗性（動向間の抗争）もある。「捨我」と「執我」の強さもさまざまとなる。よっ

て、「捨我」だけの人間も、「執我」だけの人間もいない。例えて言えば、善だけの人も悪だけの人もいない。極悪人でも善人の面を持っているし、善人でも悪人の面を持っている。犯罪者も、犯罪を犯す瞬間や前後に 躊躇したり、悩んだり、反省することがある。

「捨我」と「執我」は、その人がどちらの傾向が強いとか、ある時にどちらの傾向が強く表れるかであって、両面を必ず持ち合わせている。何かをしようとすれば、必ず、それを止めようとする意識が働く。「捨我」が強くなったり、「執我」が強くなったりして、動向間の抗争が起こる。

また、「捨我」と「執我」には強弱がある。大がかりな自然破壊や大量殺戮などの強い「執我」もあるが、身体に無理してまで勉強するような「執我」もある。物欲・金銭欲・支配欲・名誉欲、教師が子どもに教えようとする教示欲・教授欲・指図欲なども「執我」に起因する。

木を切り、沼や海を埋め、山を崩し、川をせき止めたりするのも「執我」の働きである。これらは、人間の欲望・我欲・私利私欲である。戦争は領土拡大欲・資源獲得欲・支配欲である。自然破壊・動植物の根絶なども「執我」の働きである。「これで足れり」とは縁遠い、欲望丸出しである。ここには、自然や他人を敬い、共存しようとする知恵はみじんもない。

一方、芸術も表現欲の面があるかもしれない。しかし、芸術には自然を破壊したり、相手を殺したり、支配したりすることはない。我欲のない「捨我」の世界である。

（1）精神的動向

「表2 動向（方向属性）の体系」は、人間の精神の動向を「捨我」と「執我」に分けたものである [11]。なお、この表は『性格学の基礎』[12] に掲載されている表の簡略版である。

赤田豊治によると、「捨我」とは自然や他者に傾倒（傾聴［筆者］）し融合せんとする自我であり、「執我」とは自我を主張する自我である。「捨我」によって、自然や他者に開かれ、生命も解放される。「執我」によって、自然や他者に閉ざされ、生命も拘束されることになる。

表 2　動向 (方向属性) の体系

捨我 (解放)	執我　(拘束)
精神的動向	
1' 感激性能	1　理性性能
a　真理渇望、認識欲	a　理論理性性：事理性、批判
b　造形衝動	b　美的理性性：様式欲求
c　適正愛、誠実、忠実	c　倫理理性性：義務感、良心、責任感
個人的動向	
2'a 自発的捨我	2a　自我拡大傾向 (自発的エゴイズム)
郷土愛・動物愛等、情熱、讃歓、崇拝、喜捨、献身、自由衝動、エロス・アガペー	行動欲、攻撃欲、自利、取得欲、支配欲、名誉欲、虚栄、「エゴイズム」、自己表示欲
2'b 受動的捨我	2b　保身傾向 (受動的エゴイズム)
親切、善良、温かみ、忠実、柔和、静観	慎重、不信、心配、虚偽、自己評価欲、警戒、打算、恐怖
2'c 反応的捨我	2c　個人我復旧動向 (反応的エゴイズム)
関与、同情、諦観	我意、反抗、頑固、気を悪くしやすい、羨望復讐心、嘲笑癖、意地悪な喜び、邪推
3'a 精神的拘束の不足	3a　感激性の不足
愚行、無知	味気ない、冷たい、乾燥、残忍
3'b エゴイズムの不足	3b　愛の性能の不足
無私、我慢、謙遜、気楽	冷酷、無関心
4' 官能的捨我	4　官能的享楽欲
生の衝動、性愛、陶酔	欲動昇華、快楽欲、欲動変質
5' 自制の不足	5　自制
無節度、無拘束、パニック	節制、克己、抑制、堅固

情熱 — 畏敬	基本情調	能動性 — 確信
矜恃 — 謙虚	自我感情の両極	自負 — 自棄
明朗 — 気鬱	気分の両極	成功の快 — 無力

　表2の「精神的動向」は、人間に普遍的な精神の動向であり、「個人的動向」のベースになる。

①　理性性能

　「執我 (拘束)」の精神的動向に、「理性性能」が挙げられている。「理性」は

「知性」や「理知」とも重なり、よいイメージを持ちがちである。なぜ、「執我（拘束）」に「理性性能」があるのか疑問を感じる人も少なくないと思われる。

　そこで、「理性性能」として挙げられている「理論理性性」「美的理性性」「倫理理性性」を考えてみたい。

　「**理論理性性**」は、意志によって事の道筋を明らかにすることである。自然に逆らって時間を止め、一定の概念によって把捉する行為である。理屈づけでもある。認識は現実に気づくことであるが、精神の働きである概念による「理論理性性」では現実の一部しか捉えられない。

　「**美的理性性**」は、多様性から統一を作り出すことである。統一することによって、リアルな多様性が捨てられる。

　「**倫理理性性**」は、悪しき平等主義に基づいて、一定の行動規範を明らかにすることである。行動規範そのものは、一見すると正論のように思われる。しかし、多様な人間がいて多様な価値観があるので、一定の行動規範を一律に当てはめることはできない。全ての人が、行動規範どおりにはならない。行動規範を定めた根拠や背景こそ着目しなければならない。

　以上から、「理性性能」とは、人間の意志による概念化である。概念化は、概念化した分しか認識できない宿命がある。教師の理性性能が自我として強く働くと、教師自身の思考方法・価値観・人間観・世界観・子ども観・教育観にこだわることになる。その結果、教師の「理性性能」は子どもの生命に枠をはめて、子どもの生命を拘束する。

　　②　**感激性能**

　「感激性能」は、「理性性能」の真逆を考えればよい。「感激性能」は自我の働きが遠ざかる「捨我」によって、現実にありのままに開かれることによって生まれる。「感激性能」は、真理・美・適正のどれか一つの精神的愛によってもたらされるとされる。

　「理性性能」の「理論理性性」には、「感激性能」の「真理渇望（真理愛）・認識欲（情熱的認識欲）」、「美的理性性」には同じく「造形衝動（愛美・造形愛・創造的熱狂）」、「倫理理性性」には同じく「適正愛・誠実愛・真の忠実」が対応する。

（2）　個人的動向

　「個人的動向」の「執我（拘束)」の正体は、エゴイズムである。エゴイズムは動物にはないが、その動向に差はあっても人間なら誰にでもある。エゴイズムは自我の正体であり、我欲である。自分を優先する精神の働きである。

　例えば、所有欲。車・衣類・電気製品の所有はもちろん、人によっては宝石・バッグ・時計・切手・カメラ・CD などの収集もある。個人の経済力と努力によって、直接的には誰にも迷惑をかけない所有・収集である。一方、密輸入・資源・領土などに関わる個人や国家間のトラブルもある。国家を動かしているのも、エゴイズムを持つ人間である。

　個人の所有物も、それを製造するためには材料や電気なども要るので、大気・川・海・土壌などの汚染、つまり自然破壊と無縁ではいられない。近年、断捨離やミニマリストが話題を集めているのも、所有欲の裏返しである。

　人間が自然と共存するためには、最小限の所有に留めなければならない。このことを分かっていても大量消費社会が続くところに、エゴイズム・我欲・執我の強さを思い知らされる。所有欲がまったくない動物や植物の生き方に学ばなければならない。

　エゴイズムは、良心の欠如・移り気・下品・無味乾燥・非感性的・冷たさ・冷淡・冷酷など、精神の解放動向の欠如、つまり、執我によって生じる。エゴイズムには、自発的エゴイズム、受動的エゴイズム、反応的エゴイズム、孤立的エゴイズムがあり、エゴイズムを生じやすくする動向もある。表 2 のエゴイズムを、さらに詳しくまとめたのが「表 3 エゴイズム」[13] である。

　表 2 及び表 3 に書かれている「執我（拘束)」の個々の内容を見ると、人間の精神の働きである「執我・我欲」の恐ろしさを思い知らされる。一方、表 2 の「捨我（解放)」に書かれている内容こそ、子どもの生命が輝くために教師に求められることに異論のある教師はいないと思われる。

表3　エゴイズム

Ⅰ　個人的我拡大傾向（自発的エゴイズム）	Ⅲ　個人的我復旧の動向（反応的エゴイズム）
1　中性的なもの＝一般的な意志優勢	1　中性的なもの
a）精神的拘束のないもの	反抗精神、抵抗心、独善、（気まぐれな恣
性悪、憎悪、惨忍、破壊意志、悪魔的	意、闘争好き）
b）精神的拘束のあるもの	頑固、頑冥、片意地、固陋、依怙地、つ
企業心、活動欲、成果渇望、行為衝動	むじ曲り、不従順、不服従、天邪気
（名誉欲、「恣意」、更新癖）	2　特殊なもの
（自律の意志）	過敏、傷つき易い、悪意にとる、根に持つ、
2　特殊なもの	和解しない、報復心、復讐心
a）獲得欲	口論癖、喧嘩買、非妥協性
所有欲、節約欲、守銭奴、（貪欲）、	嘲笑癖、批判癖、皮肉
蒐集欲、しみったれ、けちん坊、吝嗇、	鉄棒曳、権謀術数癖
（好奇心、習得欲、知識欲）	羨望、猜疑、悪意、「生の羨望」
b）私欲	他人の不幸を喜ぶ、意地悪、陰険
営利欲、射利心、商魂、（貪欲）	（嫉妬）
c）支配欲	Ⅳ　個人我高上りの動向（孤立的エゴイズム）
権勢欲、優越意志、序列感情、階級意	孤立欲、独思、
識、愛顧心	自己注察傾向、自己観察傾向、
d）名誉欲	自己関係づけ、自己中心主義、
称賛欲、顕示欲、妥当欲、賛同願望、	関係妄想、―「イディオスティスムス（孤
名声欲、（虚栄）、精神的重鎮欲、	陋）」、（感傷、感じ易い）
未開形態：男性の装身欲	Ⅴ　誘致的［エゴイズムを生じ易くする］動向
e）感情的エゴイズム	1　精神的拘束の不足
迎合心、「媚態」、愛されたい意志、	党派性、皮相的、表面的、
未開形態としての女性の装身欲に関与	信用がおけない、頼りなさ、無責任、良
する	心欠如、お天気屋、無定見、威厳がない
Ⅱ　個人的我保持の動向（受動的エゴイズム）	2　解放の不足
1　中性的なもの	気の抜けた、無味乾燥、非感性的、
用心、顧慮、警戒、打算	冷たい、冷酷、冷淡、
2　特殊なもの	無情、無慈悲、「情性欠如」
臆病、邪推、猜疑、（羞恥）	
狡猾、狡智、老獪	
不実、虚偽、偽善	

2　子どもが輝くための「精神」の在り方

　教師自身の自我のありようである「捨我」と「執我」の動向は、簡単には変わらない。教師が知識・技能を増やしたり高めたりすることは難しくないが、自我と強く結びついている教師の思考方法・価値観・人間観・世界観・子ども観・教育観の本質を変えることは容易ではない。

　しかし、「捨我」と「執我」の本質を理解し、教師の精神（自我）がより「捨我」の状態になるように意識することによって、子どもの生命が輝くことが期待できる。子どもの生命が輝くためには、教師が「捨我」と「執我」の違いを通して、「捨我」を確実に理解し、教師の雰囲気・姿勢から「捨我」が自然と滲み出なければならない。

　表2の「執我」欄及び「表3エゴイズム」には誰が見ても、教師としても望ましくないものが多い。しかし、一見すると望ましくないとは思えないものもある。表2と表3の内容から、「捨我」と「執我」を具体的に考えてみたい。

（1）　捨我（解放）

　「**自発的捨我**」は、非人間界に対する「自然愛・郷土愛・土などへの愛・動植物愛・芸術愛・宇宙愛・祖先崇拝など」である。これらは、教師自身はもちろん、子どもにとっても重要である。子どもに対しては、献身的な愛や情熱・畏敬心や崇拝心・賛嘆などが重要である。「**受動的捨我**」では、親切かつ柔和で誠意を持って、子どもの活動を温かく見守る（静観）ことなどが大切になる。「**反応的捨我**」では、慈愛を持って子どもの活動の本質に寄り添いながら（同情、共感しながら）見守る（諦観する）ようにしなければならない。エンパシーである。

　さらに、教師は自身の欲望を忍耐強く我慢するとともに、教師自身の思考方法・価値観・人間観・世界観・子ども観・教育観や知識を保留して、謙虚に、無私無欲になって子どもに接しなければならない。

（2）執我（拘束）

　「執我（拘束）」の正体は、エゴイズムである。「捨我（解放）」では、エゴイズムは存在できない。表2（21頁）の「執我（拘束）」欄にあるそれぞれのエゴイズムは、対応する「捨我（解放）」欄と両極性の関係がある。片方だけで捉えようとすると、理解がふじゅうぶんになる。両方を対比して、それぞれの本質の理解に努めなければならない。

　表3のエゴイズムは、大人の社会に見られるものも多いので、子どもに関わりが多いと思われるものをいくつかピックアップしてみたい。

　「自発的エゴイズム」には、「支配欲・優越意志・顕示欲・所有欲・獲得欲・知識欲」などがある。教師自身は自覚がないかもしれないが、教育は教師よりも年少で、教師が自分よりも知識や能力に劣っていると思いがちな子どもを対象に行われる。そのため、よほど気をつけないと上下関係が生まれ、教師が上から目線になりやすい状況がある。授業で、教師の価値観を優先させると、結果的に教師の思考方法・価値観・人間観・世界観・子ども観・教育観で子どもを支配することになる。上から目線には、子どもよりも自分が優秀（優越）であるとする教師の思い込みが潜んでいる。子どもに対する、誠実さ・温かみ・親切・尊敬・愛はおのずと稀薄になる。「自発的エゴイズム」には、「迎合心」もある。子どもの学びを優先的に考えるのではなく、学校や同僚及び教育界などへの迎合も考えられる。忖度や事なかれ主義にも通じる。

　次に「成果渇望」がある。教師としての成果を求めるあまり、子どもの主体性・心情・思い・考えを無視してハードな計画を立て、叱咤激励して取り組ませる教師がいる。展覧会での入賞を意識して、教師が構想した作品づくりに子どもを付き合わせる。スポーツ大会での優勝を目指して、ハードな練習を子どもに課す教師も多い。教師の成果渇望が、子どもの生命をゆがめる。子どもの輝きよりも、教師としての成果を優先した授業・部活動になることは否定できない。

　また、「自己表示欲・名誉欲」がある。「自己表示欲・自己評価欲・名誉欲」は上から目線に内蔵されている。障碍者の展覧会で、子どもや子どもの表現（作品）よりも、企画者が全面に出ているものも散見される。本来、黒子であ

るべき教師が主人公たる子どもよりも前に出てきているのは、教師の「自己表示欲・自己評価欲・名誉欲」の現れである。子どもの活躍が教師といっしょの写真で新聞に掲載されているのも、同類である。教育と関係ないが、地方自治体の長が、マスコミに露出することのなんと多いことか。本来やらなければならない地方自治体の長としての業務があるはずなので、広報は担当者に任せるべきである。本来の業務に支障を来していないのかと心配になる。マスコミに露出するのは「自己表示欲・自己評価欲・名誉欲」の現れであり、しょっちゅう露出することによって、次の選挙で当選したいのかと勘ぐりたくなる。マスコミを利用して自分を宣伝・アピールし、選挙運動している側面があるのは否定できない。地方自治体の長がマスコミに出なくても、住民は何も困らない。マスコミへの露出の有無にかかわらず、地域住民の生活・文化・教育・福祉などの向上こそ、地方自治体の長には求められる。ここで、地方自治体の長の例を持ち出したのは、人間にとって、いかに「自己表示欲・自己評価欲・名誉欲」があるかを言いたかったからである。

「受動的エゴイズム」の「猜疑心・虚偽・意地悪・陰険・悪意・不信・用心・警戒」などは、子どもや同僚の言動などに端を発する。子どもを信じなっかたり、同僚などにうそをついたり、やっかんだりすることなどにもつながる。

「反応的エゴイズム」の「他人の不幸を悦ぶ・邪推・頑固・復讐心・反抗・不服従・子どもを叱るなど」の背後には、教師の自我（執我）がある。主体的な子どもの活動を尊重すれば、教師は子どもの活動を受容しなければならない。教師が、かたくなになっては子どもの生命は輝くことができない。「捨我」と違って、感激性が不足するので、冷たく、味気なく、無関心になりやすい。

教師の理性は概念にすぎず、執我の産物である。子どもの前では、理屈や正論やたてまえになりがちである。教師が理性を堅持しようとしたり、教師の言動に確信や自負を持ったり、教師中心に考えたりするのも、執我の働きである。教師が考えたとおりにいかないと、感情的（自棄）になることにもつながる。

人類の先史時代や現代の先住民族では執我が強くなく、人間の生命や自然と協調している。現代に近づくほど執我を強め、人間の生命や自然と敵対してき

ているのは明らかである。執我の暴走によって、生命・自然・文明は危機に瀕している。

教師の精神が「執我」として子どもを拘束するのではなく、教師が自我から解放された「捨我」の下で子どもが主体とならなければ、子どもの生命は輝くことができない。

なお、意志は「支配欲・私欲・競争心」など我欲・執我から発するものが圧倒的に多いと言われている。教師の意志も気をつけなければならない。

（3） 授業への反映

精神の「執我」と「捨我」の２つの働きから、教師の精神は「捨我」でなければならないことを繰り返し述べてきた。

しかし、教師の精神は「捨我」でなければならないことを理解するだけでは意味がない。実際の授業、教科・領域の授業に生かさなければ意味がない。

モデルはないので、教師自身が考えるしかない。「捨我」を基盤にした望ましいものだけではなく、「執我」を基盤とした望ましくないものも理解しなければならない。なぜなら、「望ましいもの」と「望ましくないもの」を対比することによって、教師として「望ましいもの」がより鮮明になるからである。

表4　スタッフにおける自我の動向

捨我（スタッフが自我を捨てる）	執我（スタッフが自我を主張し、固執する）
スタッフが自分の考えに謙虚	スタッフが自分の考えに自負と確信
指導することに我慢	指導することへの強い義務感と責任感
制作を温かく静観・諦観	制作に対する心配と行動
制作（者）への愛と献身・畏敬	制作（者）を支配
制作に感激	制作を分析
制作（者）の現実を受け入れ、育む（驚嘆・愛・手本）	スタッフの考えに誘導（指示・命令・禁止）
現実学的認識・共感的認識・感動的認識　現実学的思考・指示的思考	自然科学的認識　自然科学的思考・概念的思考・把握的思考
制作者のビオス（生）中心	スタッフのロゴス（論理）中心

授業における「望ましいもの」と「望ましくないもの」を明らかにすることは、学びの本質に関わる極めて重要な授業構想である。表面的な指導技術論に終始してはならない。

「表4 スタッフにおける自我の動向」[14] は、表2・表3などを基に障碍者の造形活動にわるスタッフのありよう（自我の動向）を簡単に比較したものである。学校だけでなく施設などでの造形活動を想定したものなので、教師や施設職員ではなくスタッフとした。表4は障碍者の造形活動を想定したものだが、その本質は校種・教科に関係ない。

表4に書かれている「自然科学的認識」は次章で述べる。「自然科学的認識」は「概念的思考」「把握的思考」「自然科学的思考」と、「現実学的認識」は「指示的思考」「現実学的思考」と同義である。

表4から、教師の自我が、「執我」の強いのときは子どもの生命が萎縮し、「捨我」が強いときは子どもの生命が躍動して豊かな個性が開花するのは明らかである。

また、確認するまでもないが、34頁の「表5『指示的思考』と『概念的思考』」の「指示的思考」と、64頁の「表7『させる・させられる活動』と『する活動』」の「する活動」が「捨我」に対応する。一方、「表5『指示的思考』と『概念的思考』」の「概念的思考」と「表7『させる・させられる活動』と『する活動』」の「させる・させられる活動」が「執我」に対応する。

子どもの生命が輝くかは、授業の根幹に関わる「表4 スタッフにおける自我の動向」「表5『指示的思考』と『概念的思考』」「表7『させる・させられる活動』と『する活動』」に類するものが、授業者である教師自身に明確になっていなければならない。

子どもの生命が輝くためには、教師にとって「表6 保育者に求められる姿勢（54頁）」も重要である。表6の内容も、「捨我」に根差しているのは言うまでもない。

第**3**章

思考とは何か

1 「思考」の意味

　一般に、「思考」は人間のみが持つ自我の働きによる知性の表れで、漢字どおりの「思いをめぐらして、考える」意味とされる。一言で言えば、「考える」ことになる。「考える」ことを否定する人はいないので、「思考」を問題視する人はいないし、「思考」にはよいイメージしか持たない人が多い。

　「思」は、「頭」を表す「田」と「心臓」を表す「心」からなり、「こまごまと考える」意味がある。「考」は、「腰の曲がった老人」を表し、「曲がりくねりながら、深く考える」意味がある。「思」と「考」を合わせると、「思考」は「頭（脳）」と「心臓」によって、「思いを巡らせながら深く考える」意味となる。

　第1章で述べたように、「頭」は「脳」で、動物性器官を代表する。「心臓」は、植物性器官を代表する。よって、「思」は、人間の動物性器官と植物性器官が連携して行われることになる。頭（脳）だけではなく、身体全体で行われることを意味する。これに、「考」という「深く考える」意味が加わるので、「思考」は「生命を躍動させながら、心身一体となって思いを巡らしながら深く考え認識する過程」となる。「思考」は、主に頭（脳）の中で行われるイメージがあるが、「頭」と「考」の象形文字を生みだした先人の先見性に敬意を表する。

　認識するためには、思考しなければならない。「思考」が本来の意味なら問

題ないが、本来の意味からかけ離れた「思考」の捉え方があること、その考え方が今日なお支配的であることを指摘したい。「思考」を、「考えたり、思ったりする」ことに一括りにしてはならない。世の中で支配的な思考は「概念的思考」であることと、本来あるべき思考は「指示的思考」であることを次項で述べる。

2　「指示的思考」と「概念的思考」

「指示的思考」は「現実学的思考」、「概念的思考」は「把握的思考」「自然科学的思考」とも言われる。思考して認識するためには、自我（精神）の働きが加わらなければならない。自我の働きによって、「指示的思考」か「概念的思考」かを決定づける。吉増克實は、「体験を認識のかたちにするために把握不可能な体験的現実を指し示すために概念を用いるのである。それが指示的思考であった」と述べている [15)]。このように、「指示的思考」における概念は体験的な現実を指し示すために用いられる。

一方の「概念的思考」は現実を分離するために概念が積極的に用いられ、概念化することが目的となる。「概念的思考」は、概念そのものである。

「指示的思考」の「指示」には、「さしずする」「さしずしてやらせる」というイメージがあるかもしれない。「指」は「指さして、さし示す」意味、「示」は「神々の心が示されることから、しめす」意味がある。よって、「指示」は「指し示す」意味になる。

「指示的思考」は、変化する現実の形象に対する共感が指し示すままに思考することである。「指示的思考」は、生命と現実が一体化し、形象の 意 がまるごとありのままに認識可能になる思考である。認識は生命の働きである心情の観得によって、現実の形象の意に開かれていく。教師自身も「指示的思考」で子どもと接すれば、連続・更新し続ける現実（いま、ここ）の事実をありのままに認識することができる。現実の形象の意と一体化し、形象の意が感受される。

吉増克實は「指示的（現実学的）思考」の立場を、「共感によって僕たちは

世界の形象の意味、質性、牽引と反発の性格、類似を受け取る。それがどれだけ現実と繋がっているか、どれほどの広がりと深さを持っているか、どれほど精密であるかをまず決定的に重要視するのが現実学の立場である」と述べている[16]。

　幼児に見られる指差し行動は、子どもが興味・関心のある対象を指し示しているのであって、概念的に見ようとしているのではない。子どもの心情が指し示すところ、つまり、子どもが目の前の現実に対して開かれ、導かれているのである。意識して、見ているのではない。「指示的思考」では、現実との連関が保ち続けられることになる。

　「概念的思考」は、現実から分離され、概念化された分だけ認識可能になる思考である。概念化するのは、精神の働きである。教師が「概念的思考」で子どもに接すると、教師の思考方法・価値観・人間観・世界観・子ども観・教育観で子どもを拘束することになる。つまり、教師の思考方法・価値観・人間観・世界観・子ども観・教育観というフィルター越しに子どもが認識される。

　「概念的思考」では、概念化された瞬間に思考が生命と現実（いま、ここ）から分離され、虚構のものになる。そして、現実の形象から現象を対象化することによって、現象が概念化・形式化・数値化され、一人歩きする。「概念的思考」は実在しない特定の概念で思考されるので、抽象的・一面的・部分的・形式的になる宿命がある。

　植物にふれるとき、観察と称して、花弁・おしべ・めしべ・葉などの色や形や数などの特徴を分析したり、名前を図鑑で調べたりするのは「概念的思考」である。一方、刻々と変化する植物が生えている形象の 意 （こころ）に心情を開いて、心情が指し示すままに思考するのが「指示的思考」である。「概念的思考」によって、植物という生命と自分という生命が自然に対話することを閉ざし、目で確認できる一部の特徴を調べたり、仕組みの解明に走ることは慎まなければならない。

　子どもが土粘土で球状のものを作っているとき、教師はややもすると「だんご」と思いがちである。教師が「だんご」と思うのは、教師の概念的思考である。しかし、教師が球状の土粘土を見た時、土粘土の 塊 （かたまり）が子どもにとっ

て「だんご」かは分からない。土粘土の操作に夢中になって、土粘土がたまたま球状になったのかもしれない。教師が「だんご」と尋ねると、頷<ruby>頷<rt>うなず</rt></ruby>くかもしれない。教師が「ボール」とか「飴<ruby>飴<rt>あめ</rt></ruby>」などと尋ねると、子どもは同意するかもしれない。しかし、子どもにとっては土粘土と遊んでいることが全てである。ネーミング（概念化）はどうでもいいのである。

　この土粘土の活動で大切なのは、教師が「だんご」と概念化・ネーミングすることではない。土粘土と一体になって取り組む子どもの生命に対して、教師の思考方法・価値観・人間観・世界観・子ども観・教育観を消し去って、子どもの気持ちになって子どもの意<ruby>意<rt>こころ</rt></ruby>をありのままに観得しなければならない。

　吉増克實は「虹」について、次のように言及している[17]。

　　　例えば、虹を思い浮かべてみよう。現実の虹はそれぞれ均一な色からなる７つの光りの帯からなっているのではない。虹の色はどんな切れ目も持たない連続的な光りの変化、色の連続的な移行からなっている。実際の虹に７つの境目をつけてみたとしても、それぞれの内部ではたまたま色の連続的移行が認められるであろう。それを構成する色の数は数え切れない。虹を７色とすることは、実際にはない境目を設定し、その内部での連続的変化を無視することによって初めて可能となるであろう。自我のはたらきが行うのはそのようなことである。そしてたとえ目が見えない人にも７つの違った色があることを伝えることはできる。しかし赤とはどのような色であり、青とはどのような色であるかという色の現実は体験されるよりないものであり、体験を介することなく伝達することは不可能なのである。ともあれ、境界づけられた世界はその意味の多様な全体性を失って抽象的一面的なものとなる。この境界づけられ、抽象され、限定されたものが概念である。

　ここでは、「指示的思考」は体験によってもたらされ、多様性・連続性があることを指摘している。さらに、「概念的思考」は自我によって連続的変化が無視され境界づけられることによって、多様な全体性を失い、抽象的・一面的になるとしている。

　以上から、変化・更新し続ける、複雑で多様な現実をありのままに思考するなら、現実の一面を概念的・形式的・抽象的に捉える「概念的思考」ではなく、「指示的思考」でなければならないことは明らかである。

表5 「指示的思考」と「概念的思考」

指示的思考 （現実学的思考）	概念的思考 （把握的思考・自然科学的思考）
変化する現実の形象への共感が 指し示すままに認識する思考	現実から分離され、概念化された分だけ 認識可能になる思考
現実の形象の 意 をありのままに観得する	現象から物を把握し、 概念化・形式化・数値化する
時空的形象・現実学	非時空的形体（物）・自然科学
全ての感覚による対話 （五感・体性感覚・内臓感覚）	視覚優位・意識化優先
体験・感知化・連関	経験・対象化・関係づけ
捨我・無欲・無意識	執我・強欲・意識
無目的・無目標・無意図・過程重視	目的・目標・意図・結果優先
生命的・生命と結合／協調 こころ・ビオス（生）	生命盲目的（理知的）・生命を支配／拘束 あたま・ロゴス（論理）
現実的 事実・具象	非現実的（現実疎外・仮想現実） 虚構／捏造・抽象
自然・畏敬・リズム	自然征服・おごり（軽侮）・タクト
すがた・かたち	しかけ・しくみ
連続更新・変化・類似	遮断（一時・一瞬）・不変・同一／反復
遠感覚・目に見えないもの	近感覚・目に見えるもの
測定不能・規定不能・説明不能	測定可能・規定可能・説明可能
一体化・統合・全体・多面的・複雑／多様	対象化・分析・部分・一面的・単純
感化・共感／情感・印象／記憶	教化・推進（意志）・回想
創造（文学・芸術・民話・神話・祝い事・祭祀）	知　識
クラーゲス	デカルト・ロック・カント・フッサール ヤスパース・ヘーゲル

　表5は、指示的思考（現実学的思考）と概念的思考（把握的思考・自然科学的思考）を比較した私案である。まだ仮のものなので、吟味のうえ、修正していかなければならないと思っている。

　「指示的思考」及び「概念的思考」は、表5の全体像を把握すると同時に、左右それぞれの内容を比較することによって、それぞれの思考の特質が見えて

くる。そして、人間の思考は「表5『指示的思考』と『概念的思考』」の全体
及び連関・両極性から捉えなければならない。

　概念を生む意志を全否定しているのではない。「意志」は自分の考えに合わ
せようとする力であり、生命に敵対する性質があるが、生命に仕える「天分の
意志」もあることをシュレーダーは、次のように述べている[18]。

　　　意志が生命に仕える一つの役割と、意志の原則的に破壊的な性質の証明がど
　　うして一つになるかを示すために、クラーゲスは意志を彫刻家の握る鑿に比して
　　いる。鑿は石を破砕する以外のことは何もできない。しかし、石の中に神々しい
　　姿の形象を観得する心情をもつ巨匠がそれを創造せんとするその手に導かれると
　　き、鑿の石を破砕する暴力は造形家の創造に役立つ。— この比喩はそれにとどま
　　らない。意志の破壊的性質は、心情の観得力が巨匠の手を指導しないで、鑿を一
　　振り二振りすれば、石は駄目になる。そして、巨匠には、なまくらの鑿ではなく
　　て切れ味のいい鑿でなければ役に立たないごとく、天分不足の意志ではなくて意
　　志の天分がなければ生命に役立たない。

　ここでは、石を破砕する行為は意志（天分不足の）であるが、形象を観得す
る心情によって石が彫刻作品となり、意志（天分の）が役立つとされる。意志
は、「執我」にも「捨我」にも導く諸刃の剣である。「執我」は強力なため、
いとも簡単に「執我」の大海に放り出される。これは、夢ではない。現実であ
る。

　世の中で支配的な思考は、意識するしないにかかわらず「概念的思考」であ
るのは間違いがない。「指示的思考」は、あまりなじみがないと思われる。子
どもの生命が輝いて子どもの学びが創造されることは、教師が教えたいことを
転化することでもあるので、教師が教えることを否定しているのではない。

　「指示的思考」は生命と結合・協調する思考であり、「指示的思考」によっ
て生命は輝く。一方、「概念的思考」は生命を支配・拘束する思考であり、「概
念的思考」によって生命は脅かされる。よって、教師の思考が、「概念的思考」
ではなく、「指示的思考」でなければならないことは明白である。無論、「指示
的思考」は子どもにも育まなければならない極めて重要な思考である。「指示
的思考」によって、子どもの生命も、教師自身の生命も輝くことができる。地

球上の全ての人間に育まなければならない「指示的思考」は、人間が自然と共存するためにも不可欠な思考である。

　以上から、「思考」といっても、「思考」をどのように考えるかは極めて重要となる。なぜなら、「思考」の考え方が教師自身を支配すると同時に、子どもの生命が輝く鍵を握っているからである。

3　概念化の弊害

　教師にかぎらず、「概念化」は人々を蝕んでいる。概念化せずにはいられない人間の性、人間の精神のしつこさを思わずにはいられない。概念化による弊害の一例を、展覧会から見てみたい[19]。

　展覧会を鑑賞すると、作品を分類（カテゴライズ）したり、作品を解説しているものが少なくない。作品の分類と解説は、図録にも反映されている。分類と解説は概念化であり、「概念的思考」の産物である。

　そもそも心情が造形化した作品は感性の世界に属するので、言語（概念）で説明できるものではない。分類や解説だけ見るとその一点では合っているかもしれないが、それはほんの一面にすぎない。鑑賞者は、分類や解説で作品を鑑賞するのではない。鑑賞者が作品と体験する仕方や感じ方は、多様かつ複雑で、鑑賞者の数だけある。しかも、体験は言語化（概念化）できないことのほうが圧倒的に多い。

　特定の言語（概念）は、鑑賞者に先入観を与えるだけである。作品は鑑賞者の心情に添って、まっさらな状態でありのままに鑑賞されなければならない。

　世田谷美術館初代館長の大島清次も[20]、「美術館側から勝手に予測的な見解を一方的に押しつけない方がいい。私たちを含めて、作品群に対する見る側の反応は自由で、できるだけ開放されていることが望ましい」とし、「職業美術作家も、自学自習の素人作家も、また知的障害作家も問わず、さらに国籍も類別せずに、ただし、関心のある人にはそれぞれに必要な情報ができるだけ詳しく検索できるようにしておいて、まずはともかく何の偏見もなしに…作品群に来館者たちが直に相対する」と、偏見なく鑑賞するために枠組みをつけること

を批判している。さらに、「誰が、何時、何処で、何故作ったかのかはそれぞれみな違うにしても、それらを一切不問にして…」と、余分な情報を出すことの無意味さも指摘している。

　概念による分類は作品の表面的な一面が強調され、作品と一体である作者の心情（生命）との対話をゆがめる。作者の心情（生命）が表れている作品を言葉で概念的に分析すればするほど、作者の心情（生命）との対話が遠のくことを自覚しなければならない。

　世田谷美術館の開館 10 周年記念特別展図録の中で、館長の大島清次は、10 年前の開館記念展『芸術と素朴』で作品を 4 部構成（素朴派の系譜、近・現代美術と素朴、原始美術と民族美術、子どもと美術［知恵おくれの人たちの作品を含む］）としたことに対して、「開館当初の『芸術と素朴』展における 4 部構成そのものに対する深い疑念である」「現代美術の理解や研究にまであまねく支配している美術史的な分類主義の現状に対する大きな危惧である」「人間の心に関わる芸術の原点を求めて、類別はふさわしくないからである」と、分類して展示したことを厳しく反省し、4 部構成そのものに対する自らの疑念を表明している[21]。そして、この 10 年後の「芸術と素朴」展では、開館記念展で 4 部構成したことの反省を受けて、「ノン・セクション（部門に分けないこと）」とし、時代の流れに沿った展示をしている。ただし、「ヨーロッパ・アメリカ」と「日本」は分けて展示している。

　一方で、積極的に分類している障碍者の展覧会がある[22]。その第 1 回展では、作品を「ダイアリー」「ワクワク・ドキドキ」「アト（跡）」「アイコン（イコン）」「コラボレーション」の 5 つに分類して展示している。

　例えば、穴で埋め尽くされた作品は「アト（跡）」に分類されるにちがいない。確かに、見た目は穴の痕跡でしかない。しかし、作者は痕跡をつけようとして行為（制作）していないはずである。どのような思いで土粘土に穴を開け続けたかは、作者のみぞ知る。いや、作者でも知らないかもしれない。それなのに、目に見える表面の痕跡に着目して「アト（跡）」に分類するのは、子どもの心情を無視した企画者の都合にすぎない。「アト（跡）」と分類することは、作品の鑑賞者に先入観を持たせるリスクがあると同時に、作品とまるごと対話

するのに何の意味もない。作者に失礼である。

　第2回展では、支援者の「ヒト」、支援環境の「トコロ」、授業やワークショップなどの「コト」に分類している。これは、作品そのものよりも、制作された背景や作者との関係（誰と、どこで、どのような環境で）を重視していることになる。作品の鑑賞に、「制作された背景や作者との関係」は不要である。

　作品などの解説は、「作品の分類」と同じ問題を抱えている。障碍者の展覧会では、健常者である関係者が作品の特徴、制作の様子、作者などについて一方的に語りがちである。そもそも、制作時の作者の心情や作品の生命を言語（概念）で捉えることは不可能である。言語（概念）による解説は、じっくり作品と対話するのに何の役にも立たない。

　関係者による分類や解説はじゃまになり、作品の生命と敵対するだけである。解説は、作品との対話に不可欠なものではない。いくら言論の自由があるとはいえ、作品の内面に、作者の内面に一方的に立ち入って、一方的に解説することはよいことではない。

　展覧会に関係する企画者・研究者・学芸員などが、感性の世界である作品に対して、関係者の価値観で解釈して作品の鑑賞に枠をはめる「概念的思考」ではなく、まっさらな状態で作品の生命とじっくりと対話できる「指示的思考」になるための環境の設定にこそ最大限の努力をしなければならない。

　ここで紹介したのは展覧会の、それもごく一部にすぎない。展覧会に見られる「概念的思考」は、あらゆる分野・領域に浸透している。教育界も例外ではない。

第4章
学習指導要領の問題点

1　引きずる「知・徳・体」

　1977年の学習指導要領では（以下、アンダーラインは筆者による）、「知・徳・体の調和のとれた人間性豊かな児童生徒の育成」とあるように、「知・徳・体」が前面に打ち出され、道徳教育や体育が重視される。1998年の学習指導要領でも、基本的な考え方で「生きる力」を「知・徳・体のバランスのとれた力」とし、「知・徳・体」を重視している。2017年に改訂された現在の学習指導要領でも、基本的な考え方に「知・徳・体にわたる『生きる力』」とあり、依然として「知・徳・体」を重視している。

　このように、1977年・1998年・2017年を比較すると「調和のとれた」「のバランスのとれた」「にわたる」の違いはあるが、「知・徳・体」を重視していることに変わりはない。

　「知・徳・体」をプラスに捉えるにしても、「知・徳・体」は調和したり、バランスをとるものではなく、それぞれが大事である。文部科学省もそのことに気づいたのか、「知・徳・体の調和（1977年）」や「知・徳・体のバランス（1998年）」の表記を、「知・徳・体にわたる（2017年）」に変えている。

　第二次世界大戦中、教育勅語を通して皇国民の錬成を目的とした国民学校に関わる、文部省から出された訓令第9号（1941年3月29日）2項の見出しに「知徳相即心身一体ノ修練道場タルベキコト」とある。ここでの「知」は教師によって教えられる「知識（識）」、「徳」は「儒教的徳目」、「心身」は「心」

ではなく鍛錬的な「身体」であることは明らかである。クラーゲスの考えに照らせば、ここでの「知・徳・体」は「執我」そのもので、子どもの主体性のかけらもない。教育に「知・徳・体」が登場するのはこのあたりからと思われる。今から、80年ほど前である。これを遥か昔のことと思うか、つい最近のことと思うか。今日なお使われていることを考えると、昔のことにしてはならない。現在の「知・徳・体」は戦前と違うと主張する人がいるかもしれないが、戦後75年も経つのに、戦前の教育に端を発し、教育勅語に根差した「知・徳・体」が亡霊のように脈々と生きているからである。

　「知・徳・体」はその捉え方によって、子どもにプラスにもなればマイナスにもなる。子どもにプラスになるとしても、「生きる力」が「知・徳・体」だとは思わない。教育が目指すものが、「知・徳・体」や「生きる力」だとも思わない。

　学習指導要領が掲げている3つの柱に対する議論は保留するが、少なくとも「知・徳・体」では、現在の学習指導要領が掲げている「新しい時代に必要な資質・能力」に掲げている3つの柱「知識・技能（何を理解しているか、何ができるか）」「思考力・判断力・表現力（理解していること、できることをどう使うか）」「学びに向かう力、人間性など（どのように社会・世界と関わり、よりよい人生を送るか）」を表すことはできない。せめて、3つの柱を体現する用語を考えるべきである。

　教育が本質的に目指すべきは、「知・徳・体」「生きる力」「知識・技能、思考力・判断力・表現力」「学びに向かう力・人間性等」ではなく、我欲（執我）を克服し、自然と共存・対話しながら個性を発揮して豊かにクリエイティブに生きていくために欠かせない「指示的思考力」である。知識（識）の蓄積よりも創造活動を重視し、「指示的思考力」を育み、「我欲・執我」を克服する教育に大転換しなければならない。「指示的思考力」の育成によってのみ、豊かな社会・豊かな文明を創造していくことが可能になる。

　残念ながら、人間の精神の働きである我欲（エゴイズム）が、人間の生命（心情と肉体）を支配して脅かすとともに、あらゆる生命・自然・文明・社会を破壊し続けている。

　人間が豊かな自然を取り戻し、豊かな社会・豊かな文明を取り戻すためには我欲を克服しなければならない。我欲の克服こそ、教育の最重要課題であり、目指すべき道である。我欲を克服するためには、表2（21頁）及び表4（28頁）の「捨我」、表5（34頁）の「指示的思考」、表7（64頁）の「する活動」に根差した教育を推進しなければならない。

　「我欲の克服」に比べたら、「『知・徳・体』、『知識・技能』、『思考力・判断力・表現力』、『学びに向かう力・人間性』」は各論にすぎない。「『知・徳・体』、『知識・技能』、『思考力・判断力・表現力』、『学びに向かう力・人間性』」のような資質・能力をいくら育んでも、人間の精神の働きである「執我」が克服できなければ砂上の楼閣と化す。

　また、学習指導要領にはないと思うが、「真・善・美」や「知・情・意」などの用語もある。「真・善・美」を求めるのは間違いではない。ただし、理想の名の下に子どもの心情や主体性を無視して押し付けるのは避けなければならない。

　なお、クラーゲスは「知・情・意」を、「知・意・情」と並べ順を変えている[23]。「知」は「思考」、「意」は「欲意（意欲）」、「情」は「情感（感情）」を表し、「情感（感情）」が「欲意（意欲）」より生命層に近いからではないかとしている。つまり、「情感（感情）」は人間の自我が生命（心情と肉体）との関わりで生まれ、「欲意（意欲）」は生命に関係なく自我から発し、「思考」は自我そのものの働きによるとの考えによる。「知・意・情」はそれぞれ独立しては存在できない。「欲意（意欲）」も「情感（感情）」も、自我との関わりがある。

　クラーゲスの考え方に照らせば、豊かな感情を育むためには、自我で規制する「執我」ではなく、自我から解放された「捨我」でなければならない。「意欲」も同様である。「意欲」を「執我」で歪（ゆが）めてはならない。

2 「用語の定義」・「具体的な指針」の欠如

　文部科学省は、学習指導要領で使っている重要なキー・ワードの定義及びどのように指導するのかに関わる具体的な指針を示すべきである。

　例えば、小学校・中学校・特別支援学校の図画工作・美術の目標のキー・ワードは「豊かな情操を培う」と、「情操」になっている。「情操を培う」ではなく「豊かな情操を培う」でなければならない理由は分からないが、情操の定義もなければ、情操に焦点を当てた教育内容・教育方法の具体的な指針もない。

　教師が「情操」をどのように考えるかによって、教育内容・教育方法に差異が生じ、子どもに育まれる「情操」も違ったものとなる。少なくとも、「情操」を「感情を引き上げて高次化・理念化」と捉える考え方ではなく、「心情そのもの・心情が成育したもの」と捉えなければ情操は決して培われない[24]。

　次に、「思考力」を考えてみたい。「思考力」は、ただの「考える力」ではない。思考は自我の働きによるもので、「指示的思考」と「概念的思考」があることは前章で述べたとおりである。一部再掲する。

　「指示的思考」は、変化する現実の形象に対する共感が指し示すままに思考することである。「指示的思考」は、生命と現実が一体化し、形象の 意 がまるごとありのままに認識可能になる思考である。認識は生命の働きである心情の観得によって、現実の形象の意に開かれていく。教師自身も「指示的思考」で子どもと接すれば、連続・更新し続ける現実（いま、ここ）の事実をありのままに認識することができる。現実の形象の意と一体化し、形象の意がありのままに感受される。

　「概念的思考」は、現実から分離され、概念化された分だけ認識可能になる思考である。概念化するのは精神の働きである。教師が「概念的思考」で子どもに接すると、教師の思考方法・価値観・人間観・世界観・子ども観・教育観で子どもを拘束することになる。つまり、教師の思考方法・価値観・人間観・世界観・子ども観・教育観というフィルター越しに子どもが認識される。

　概念化された瞬間に、思考が生命と現実（いま、ここ）から分離され、虚構

のものになる。そして、現実の形象から現象を対象化することによって、現象が概念化・形式化・数値化され、一人歩きする。「概念的思考」は実在しない特定の概念で思考されるので、抽象的・一面的・部分的・形式的になる宿命がある。

　以上から、変化・更新し続ける、複雑で多様な現実をありのままに思考するなら、現実の一面を概念的・形式的に捉える「概念的思考」ではなく、「指示的思考」でなければならないことは明らかである。

　よって、「思考力」の育成といっても、「思考」をどのように定義し、どのような具体的な方法で育成するかが極めて重要となる。

　以上のように、「情操」や「思考力」の例に見るまでもなく、教育の重要なキー・ワードを教師がどのように考え、授業でどのように実践するかは重大な問題である。しかし、現状は教師のみならず文部科学省・教育委員会・各学校もこれら重要なキー・ワードの定義や具体的な指針については極めて曖昧である。この現状を打破しなければ、「知識・技能」を重視し、「知識・技能」に偏重していると思われる教育から、文部科学省が掲げている「理解していることやできることを最大限に使いながら、社会・世界と積極的に関わってよりよい人生を送ることができる教育」にさえ転換を図ることはできない。

　「教師が教えたことを子どもが学ぶ教育」から、「子どもが主体的に学ぶ教育」への転換は、教師が従来の教育に縛られているかぎり困難である。教師の考えが変わらなければ、教育も、子どもも変わらない。少しばかりの変化はあっても、基本的には旧態依然のままになることは目に見えているし、実証されている。

　「理解していることやできることを最大限に使いながら、社会・世界と積極的に関わってよりよい人生を送ることができる教育」も教師が頭で理解するレベルではなく、実感するようでなければ構築していくことができない。3つの柱「知識・技能」「思考力・判断力・表現力」「学びに向かう力、人間性など」も、教師の考えに大きく左右されることを自覚しなければならない。無論、前項でも触れた、「捨我」に根差した教育が大前提であることは言うまでもない。

第Ⅱ部

子どもの生命が輝く「教育・研究」の在り方

　　子どもの生命が輝く授業は、教師なら誰でも願うことである。しかし、現実は必ずしもそうと言える状況ではない。子どもの生命が輝くためには、教師の精神が「捨我としての精神」、教師の思考が「指示的思考」でなければならないことを第Ⅰ部で明らかにした。

　　第Ⅱ部では第Ⅰ部を受けて、教師の精神が「捨我としての精神」、教師の思考が「指示的思考」を基盤にして、子どもの生命が輝くための「教育・研究」はどうあるべきかを、「教師の姿勢」「題材」「支援」「教員養成」「学習指導案」「研究・授業研究・研修」「授業記録」「研究発表」の視点から論じる。

第1章

子どもの生命が輝く「教師の姿勢」の在り方

1　「知識」偏重の危険性

（1）　そもそも「知識」とは

「知識」は、「知」と「識」からなる。「知」には、「感覚を動員しながら物事の本質を見通し、矢で射るようにずばり当てる」意味がある。簡単に言えば、「本質を見通す」ことになる。現実をありのままに受容して観得しなければ、物事の本質を見通すことはできない。

「識」には、「物事を目印（特徴）で見分けて区別し、その名称を知る」意味がある。簡単に言えば、「識」とは「意識されたもの」「概念的に知っている」ことであり、「概念の　塊　」である。なぜなら、名称とは物事の特徴が概念的に把握されたものだからである。「識別」である。「識別」は、精神の働きによる。

「識」には、意識された概念の範囲でしか把捉できないもろさがある。「識」では、子どもの内面を理解することが難しい。内面を理解できたとしても、教師の「識」の範囲に留まる。教師は先入観で子どもを見ていないと思っていても、教師の「識」そのものが先入観の正体である。教師の「識」が、子どもの世界との対話を制限するリスクがあることを自覚しなければならない。

概念に基づく理論・理屈をいくらこね回しても、真実は見えてこない。「ひらめき」にヒントが隠されていることも少なくない。「ひらめき」は「識」を超えて、人間の生命全体からもたらされる。

　このように、本来、「知」と「識」の意味は異なるが、「知識」のイメージは「識」が強く、「知」が疎んじられているのは否めない。

（2）「知識・技能の習得」では人格は形成されない

　学習指導要領では、新しい時代に必要な「資質・能力」として、「①生きて働く知識・技能の習得」「②思考力・判断力・表現力等の育成」「③学びに向かう力、人間性などの涵養」の3つを挙げている。

　学習指導要領では、従来から「知識の習得」が重視されている。高校や大学の入学試験やセンター試験でも、もっぱら「知識」（なかでも「識」）が問われているのは周知の事実である。入学試験に受かるために、学校教育は「詰め込み教育」と化し、子どもは「識」の蓄積に励まなければならない。

　「知識・技能」は生きていくうえで必要なので、修得しなければならない。「知識・技能」は子どもが教師から習って覚えるものではなく、教師から教えられたり習ったりすることがあっても自分のものとして主体的に修めていくべきものなので、「習得」ではなく「修得」でなければならない。よって、知識・技能の修得は、子どもが習って思える教授法ではなく、子どもが主体的に学んで修得する教授法でなければならない。学習指導要領が、「習得」としている理由が分からない。

　教育の目的は、教育基本法第1条に「教育は、人格の完成を目指し、…」とあるように、「人格の完成」になっている。それなのに、現状の入学試験やセンター試験は、受験生の人格がどれだけ完成しているかを確認する試験とはほど遠い。

　「知識・技能」は、認知能力である。「人格の形成」は非認知能力によるところが大きい。非認知能力には、主体性・意欲（目標への情熱／努力）・好奇心・自信・楽観性・自尊心・自己肯定感・忍耐力・自己抑制・情緒の安定・集中力・持続力・表現力・コミュニケーション力・想像力・創造力・社会性（ルール遵守／相手に対する敬意／思いやり／寛容性／チーム・ワーク／協調性）・丁寧さ・まじめさ・誠実性・責任感・畏敬心・感受性・観得力などがある。

　「思いやり」を考えても、「思いやり」が大切であることを理屈として教えて

も意味がない。「思いやり」が大切であることは正論なので、否定しようがない。しかし、子どもが相手から理不尽なことをされたとき、強い相手だと我慢するかもしれない。その場で反撃するかもしれない。後で、仕返しするかもしれない。仕返ししたことによって、理不尽なことがエスカレートするかもしれない。理不尽なことをされると、嫌な感情を持つのは正常であり、健康な証拠である。よって、知識として「思いやり」の大切さを教えられても、子どもにとっては意味がない。「思いやり」一つとっても、その本質を学ぶことは簡単ではない。

　学習指導要領の３つの「資質・能力」では、「②思考力・判断力・表現力等の育成」「③学びに向かう力、人間性などの涵養」が非認知能力に該当する。「思考」は、第Ⅰ部第３章（30-38頁）で言及したとおりである。

　文部科学省は、教育の目的である「人格の完成」を目指すうえで必要な非認知能力の内容を整理する必要がある。教育が本気で「人格の完成」を目指すなら、知識（識）の体系や技能を教えて学ばせてきた従来の教育から決別しなければならない。従来の教育から決別するためには、非認知能力の育成に焦点を当てた、まったく新しい教育を創っていかなければならない。従来の教育を受け、従来の教育に浸かってきた教師にとって、それは極めて困難な道となることを覚悟しなければならない。

（3）体験の重要性

　「百聞は一見にしかず」は、抽象化された概念である言葉だけでいくら理解しようとして、直接見ることにはかなわないという意味である。直接体験することの重要性を指摘した諺である。体験を通して生命過程に働きかけ、心情の観得力を高めていかなければならない。言葉や数字という概念では、真実（現実）の一面・一部しか捉えられない宿命がある。さまざまな手仕事も、体験として重要である。

　いかに知識があっても、体験してみないと分からない。石の重さが10kgであることを事前に知らされていても、どれくらい重いかは実際に持ってみないと分からない。持ってみてはじめて、10kgの重さが実感できる。実感できる

のは、重さだけではない。石の冷たさ、肌触りなども実感できる。石を置くときは、静かに置かなければ危ないことも想像できる。無論、体験しても分からないことはある。目の前の石の重さが10kgであるという知識だけでは、分からないことのほうが多い。概念的思考に基づく知識は、所詮この程度のものである。さまざまな感覚を動員し、指示的思考によってこそ、現実に開かれた目の前にある石の認識が可能になる。

　リンゴも、重さ（触覚・体性感覚）・肌触り（触覚・視覚）・色や大きさ（視覚）・味（味覚）・匂い（嗅覚）・かじる音（聴覚・舌触り）などは、感覚を動員しなければ感知できない。

　体験は経験などにも左右されるので、同じ体験をしても、個人差が生じる。感じ方は子ども一人一人違ってくる。教師は、子どもがどう感じたかを決めつけてはならない。子どもが試行錯誤する際も、そのときに知っている知識に留まるのではなく、あらゆる感覚を動員して体験的に行わせなければならない。ただし、ただ体験させればよいのではない。体験が子どもの深い学びにつながらなければ、体験すること自体が目的化する。

　林竹二（元宮城教育大学長）が小学校で行った授業は座学であったが、子どもの感想を読むと、林竹二の発言によって深い学びに誘い込まれたことが強く伝わってくる。よって、座学を否定しているのではない。

　人間は、あらゆる情報を基に判断して行動する生き物である。そのために、五感・体性感覚・内臓感覚などが備わっている。「液晶画面」や「印刷物」は、あまりにも視覚偏重である。スマホやゲームはゲームを楽しむことはできるが、一部の感覚を使うだけの、頭だけの世界、仮想（バーチャル）の世界である。

　子どもに体験させると、教師が考えるようには進まない。じっくり、子どもなりの体験の仕方を尊重しなければならない。

（4）　自然に対する畏敬心の重要性

　自然は、教師である。自然に触れると、実にさまざまなことを感じるし、学ぶことができる。自然はとてつもなく大きな存在で、自然なしに生きることは

できない。

　自然に対する畏敬心とは、自然との触れ合いを通して、自然を支配しようとするのではなく、自然を畏れ敬うことである。自然には、地水火風の四大・動植物・日光・月光・潮の干満・岩石・貝殻・日食・月食・オーロラ・雲など、不思議なものにあふれている。畏敬心を育むためには、自然とのありのままに触れ合うことが重要である。

　ただし、自然と触れ合うときは、知識や観察が優先してはならない。知識や観察という概念で自然を捉えようとすると、概念の範囲でしか捉えられない。前提条件なしに、自然に開いていかなければならない。

（5）　集中することの重要性

　教師の話に集中し、指示された活動に元気に取り組んでいる授業を参観して、違和感を感じたことがある。教師の話を騒ぐことなく静かに聞いていたし、子どもの発言も活発で、活動に集中していたのにである。

　違和感を感じたのは、子どもが教師の指示をよく聞いて、教師の指示どおりに活動した授業だったからである。子どもが真剣に悩んだり、工夫したり、試行錯誤する場面はなかった。

　学びが深まると、子どもはどうすればよいか悩むし、考えるので必然的に集中する。指示された活動に元気に取り組んでいる授業は、活発に取り組んでいるように見えても、学びに集中して取り組んでいるとは言えない。

　教師が子どもの学びに関係なく、子どもを授業に集中させることを考えるのは本末転倒である。子どもがうるさいときに教師が注意すると静かになるが、学びに集中しているとは言わない。集中は、子どもが主体的に深い学びにわけいっていくときに必然的に起こるものである。

　教師から一方的に知識・技能を教えられる授業では、単なる知識・技能として覚えることはできるかもしれないが、学びは形成されない。学びに起因する、集中力は生まれない。集中力は、吟味された学習内容の下、適切な最小限の支援による子どもの主体的な活動、子どもが成し遂げようとする活動によって生まれる。

2　目標の問題点

　教育では、さまざまな「目標」が設定される。目標を決め、目標達成のための具体的手だてを考えて活動することになる。しかし、「目標」には危惧される面もある。目標は子どもの生命におかまいなしに、目標達成のために暴走し、子どもの生命と敵対する危険がある。

　目標には、「こうありたい」「こうでなければならない」「○○ができるようになる」など、求める姿（理想）が謳われることになる。希望を持つことはかまわない。しかし、実行にはさまざまな問題が生じかねない。

　例えば、「1日5時間勉強する」という目標を立てても、疲れていると頓挫する。人間の意志（精神）ががんばろうとして、生命・身体にむち打って強行すると生命がダウンする。強行が続くと、生命や精神に不調をきたす。当然の反応である。目標を優先させるのではなく、子どもの生命と対話しながら行動しなければならない。豊かに生きることと、向上や発展は必ずしも比例しない。向上や発展のために、よい成績（評定）のために、無理な目標を立ててはならない。

　また、地位・名誉・金銭などに関わる目標は、時として相手を陥れる。資源を得たり、領土を広げようとすると、戦争や人殺しさえ厭わなくなる。「戦争をしない」「人をだまさない」「人を殺さない」「物を盗まない」「交通ルールを守る」などの目標は、正論である。正論は、正しいに決まっている。しかし、現実はなくならない。なくならない理由を考えなければならない。エゴイズムが強く、自我が「執我」の状態になると、リスクのある目標と活動になる。生命に優しく、自我が「捨我」の状態に留まる目標と活動でなければならない。

　授業では、教科・領域の題材（単元）に関連した認知能力に関わる目標が設定されることが多い。教育の目的は人格の完成なので、人格の形成に関連する非認知能力に関わる目標も必要である。ただし、欲張って目標を高く設定すると、達成することが困難になる。教師が子どもの目標を高くすると、無理して目標に引き上げかねない。目標は、無理して達成するものではない。教師が考

える授業の到達点は、教師の考える到達点にすぎない。子どもには、子ども一人一人が考える到達点があることを理解しなければならない。教師が「目標達成」の名の下に、子どもを振り回してはならない。

　また、目標には一定のことを概念的に表す宿命がある。教師が子どもを見るとき、目標に定めた一面だけで見てはいけない。目標以外にも目を向けなければならない。目標は、お題目でもなければ看板でもない。子どもが主体的に学びを深めることこそ求める姿であり、目標である。

　よって、目標は子どもの学びを深めるための指針でなければならない。それも、子どもを一定の概念的で捉えるのではなく、現実をありのままに捉える視点を持たなければならない。

3　「教師の姿勢」はどうあるべきか

　人には、雰囲気がある。本人はあまり自覚できないが、相手は「優しそうな人」「怖そうな人」など、雰囲気を真っ先に感じる。雰囲気は、教師人の風貌・表情・人柄・性格・思考方法・価値観・人間観・世界観・子ども観・教育観などからくると思われる。また、優しい人でも神経が昂ぶって、叫んだり、物を投げたりなど、怖くなる時がある。怖そうな人でも、優しく感じる時がある。

　子どもの考えよりも自分の考えを優先する教師は子どもに対する指示・命令・禁止・修正などが多くなるので、子どもは教師に対して嫌な思いをする。雰囲気は、教師の思考方法・価値観・人間観・世界観・子ども観・教育観と無縁ではない。これらは、教師の心情や精神の状態にも左右される。

　学びは、子どもが教師に心を開いていなければ成立しない。子どもが心を開くためには、教師の雰囲気、中でも教師の思考方法・価値観・人間観・世界観・子ども観・教育観に大きく影響される。雰囲気は、「教師の姿勢」がつくるものである。

　教師の主たる関心は、「何を、どう教えるか」、つまり「活動内容（題材）と支援（指導方法）」に向きがちである。徹底的に教材研究して活動内容を考え

ても、どんなに工夫して支援しても、「教師の姿勢」に問題があれば学びは成立しない。

　よって、「授業の評価」や「授業研究会」では題材論や支援論に終始するのではなく、「教師の姿勢」論につなげなければならない。なぜなら、表面的なやり方（ハウ・ツー）をいくら学んでも、教師の姿勢が変わらなければ授業も教師も本質的に変わることができないからである。教師が変わらなければ、学びの質を高めることは不可能である。教師が変わることは、やり方ではなく、それを支える教師の思考方法・価値観・人間観・世界観・子ども観・教育観の表れである「教師の姿勢」が変わることである。

　「教師の姿勢」は授業を支えるうえで、「題材」や「支援」と同じくらい、いやそれ以上に重要なのに、現場ではあまり重要視されているとはいえない。「教師の姿勢」は授業の原点なので、授業研究会などでは「教師の姿勢」の検証が欠かせない。

　子どもから信頼され、子どもが教師に心を開くかは、「教師の姿勢」が鍵を握っている。ただし、教師が「教師の姿勢」に関わる内容の重要性を理解して心がけても、子どもが教師を信頼し、教師に心を開いているかは別問題である。授業では、教師がリアル・タイムで、子どもの内面を洞察し続けなければならない。

　教師が子どもに信頼されていると思っても、教師に合わせているだけかもしれない。教師が意識するか否かにかかわらず、教師は子どもよりも身長が大きく、力もあり、権限・権力も持っている。子どもによっては、教師に逆らっても仕方がないと思ったり、教師の言うことには何でも従ってしまうこともある。

　授業は教師と子どもが共同で行うものなので、「教師の姿勢」は独立して存在することができない。「教師の姿勢」は子どもとの関係、子どもの受け止め方で成立する。子どもの受け止め方に注意しながら、あるべき「教師の姿勢」を具現していかなければならない。

　表6は[25]、保育園における造形活動を想定したものである。表6は保育園はもとより、幼稚園・小学校・中学校・特別支援学校など、園や校種に関係なく大事なことだと思っている。表6をベースに、園や校種、教科・領域などに

表6　保育者に求められる姿勢

No.	観　点	内　　容
1	解放的な雰囲気づくり	① 指示・命令・禁止・注意からの解放 ② 失敗の許容（判断の尊重）・正確さの不問・下手や失敗に対する不安や恐怖心の払拭 ③ 激励と称賛
2	子どもの心に寄り添う	① 保育者の先入観・固定観念の消去 ② 子どもと保育者の世界観・価値観が異なることの自覚 ③ 子どもと保育者が絶対平等者であることの自覚 ④ 子どもの話、子どもの生命への傾聴 ⑤ 共感的・感動的・肯定的な関わり ⑥ 笑顔による自然な語りかけ ⑦ 保育者の気持ちの伝達と子どもの気持ちの引き出し ⑧ 子どもの長所・可能性の把握 ⑨ 子どもの問題を他人事でなく、自分の切実な問題として自覚 ⑩ 保育者の都合よりも、子どもの都合を優先
3	主体的な活動の促進	① 自己決定場面（任せる場面、判断が必要な場面）の保証 ② 自由な表現・発展性・試行錯誤・創意工夫の保証 ③ 適度な難しさ（発達の最近接領域）の内容 ④ 興味・関心が持てる内容 ⑤ 個々の表現の受容と理解 ⑥ 身体や道具の使用による体性感覚に対する働きかけの重視 ⑦ 結果（作品の完成度）よりも過程の重視 ⑧ 過程や結果の明快性 ⑨ 表現意欲の喚起、能動的表現の奨励 ⑩ 集団の教育力（子どもどうしの関わり）への着目 ⑪ やり直しの保証 ⑫ じゅうぶんな時間の確保 ⑬ 過不足のない、タイミングを逃さない支援と評価 ⑭ 無理のない言語化、言語以外の支援の重視 ⑮ 行動修正主義からの脱却 ⑯ 訓練的指導の克服 ⑰ 多様に認める場の確保・教室外への広がり（園全体・家庭・社会）
4	成就感・達成感・充実感・満足感・自己肯定感の体感	① 発見・驚き・喜怒哀楽に満ちた充実感のある生活の保証 ② 発見や驚き、できなかったことができる体験の保証 ③ 発達の最近接領域（適度な難しさ）の重視 ④ 持っている能力の最大限の発揮 ⑤ 子どもの存在感（みんなから認められる）を最大限に保証
5	基本的なこと	① 豊かな感受性・表現力・判断力及び共感力 ② 一斉保育の克服 ③ 柔軟な指導計画の運用 ④ 長期の展望 ⑤ 活動のあらゆる要素に対する根拠の確立 ⑥ 保育者自身の力量に対する不足感の自覚と、不断の教材研究

応じて修正する。

　表6には、「1 解放的な雰囲気づくり」「2 子どもの心に寄り添う」「3 主体的な活動の促進」「4 成就感・達成感・充実感・満足感・自己肯定感の体感」「5 基本的なこと」の5つの観点があり、それぞれの内容を示した。「解放的な雰囲気（1）」の下で、「子どもの心に寄り添い（2）」ながら、「主体的な活動を促進（3）」し、子どもに「成就感・達成感・充実感・満足感・自己肯定感を体感（4）」させなければならない。

　「5 基本的なこと」は、1〜4に共通する。1〜5は、相互に関連している。表6の観点と内容を否定する教師はいないと思われる。頭で理解するだけでは意味がない。授業で子どもに伝わるように、具現していかなければならない。

　子どもの生命が輝くことを、教師なら誰しも願っている。しかし、現実は必ずしもそうと言い切れる状況ではない。子どもの生命が輝くためには、第Ⅰ部で述べたように、教師の精神が「執我」ではなく「捨我」の状態でなければならない。教師が「捨我」の下で、子どもの生命が輝くための「教師の姿勢」の在り方を考えてみたい。

（1）　解放的な雰囲気づくり

　「解放的な雰囲気づくり」の内容として、表6に3つの内容を挙げた。「解放的な雰囲気」とは、子どもから見ると「リラックスした状態」「ピリピリしていない状態」「安心して活動できる状態」である。では、これらに反する「リラックスできず、ピリピリし、安心して活動できない状態」とはどのような状態だろうか。

　教師が求める活動を優先する教師は、子どもが教師の思うとおりに活動しないと、逐一、説明・指示・命令・禁止・注意・補助・介助したりして行動を修正する。教育は、教師が求める結果に子どもが早くたどり着くことではない。子どもは教師に行動を修正させられると、教師の指導を気にして萎縮し、緊張を強いられる。指示や命令に従わせられる子どもは受動的になり、判断力や主体性は決して育まれない。

　子どもの行動は、教師が考えるようにはいかないことを全面的に認めなけれ

ばならない。教師から見て失敗であっても、失敗と決めつけてはいけない。

　そもそも、失敗は許容されなければならない。教師がやるように、正確にできなくてかまわない。失敗や下手も、教師の基準にすぎない。それなのに、失敗・不正確・下手を指摘されると、子どもは意欲も自信も喪失する。不安を通り越して、恐怖すら感じるかもしれない。

　子どもの試行錯誤は、保証されなければならない。子どもの判断や行動を尊重して、温かく見守り、応援しなければならない。子どもが困ったときは、励まし、子どもが主体的に解決できるように支援しなければならない。

　また、子どもの活動で少しでも見られるよい点は、子どもの心に響くように褒めなければならない。共感である。ただし、子どもが実感していないときにいくら共感しても、空回りする。また、共感イコール声がけとは限らない。暗黙の了解もあるし、視線に共感の気持ちをのせるだけでよい場合もある。共感は意識してするものでもない。自然に、気持ちが通じ合うときに共感が生まれる。共感の方法は、きっといろいろあるはずである。

　解放的な雰囲気があってこそ、子どもは安心して活動に集中することができる。子どもの活動をじっくり見守ることは、案外難しい。少しは見守ることができても、待てずに説明・指示・命令・禁止・注意・補助・介助をしてしまう授業者をどれだけ多く見てきたことか。

　教師が子どもに優しく教えたり、納得できるように注意したつもりでも、子どもが「叱られた」と受け取るかもしれない。活動中の子どもの心情に思いをはせながら、子どもが安心して活動できる雰囲気を作っていかなければならない。どのような雰囲気を作っていくかは、教師に委ねられている。教師に対する信頼、授業における「解放的な雰囲気」の重要性は、自覚しても自覚しすぎることはない。

（2）子どもの心に寄り添う

　「子どもの心に寄り添う」ことが大切であることを、否定する教師はいない。しかし、実際の授業では疑問を感じる場面も少なくない。「子どもの心に寄り添う」ための内容として、表6に10の内容を挙げた。

　教師は誰しも、自分は先入観や固定観念で子どもに接しているとは思っていない。教師が価値観・人間観・世界観・子ども観・教育観・基準・知識を持つことは必要である。しかし、教師が自分の価値観・人間観・世界観・子ども観・教育観・基準・知識が正しいと思って優先すると、子どもから見れば教師が先入観・固定観念で関わることになる。

　そもそも、教師と子どもは思考方法・価値観・人間観・世界観・基準・知識が異なる。子どもを尊重するということは、絶対的な平等者として教師が子どもの思考方法・価値観・人間観・世界観・基準・知識を全面的に認めて尊重することである。教師の思考方法・価値観・人間観・世界観・子ども観・教育観・基準・知識で、子どもの思考方法・価値観・人間観・世界観・基準・知識を否定してはならない。

　子どもの思考方法・価値観・人間観・世界観・基準・知識を肯定することは、教師が自分の思考方法・価値観・人間観・世界観・子ども観・教育観・基準・知識に縛られないことである。教師の精神が自分の思考方法・価値観・人間観・世界観・子ども観・教育観・基準・知識にとらわれる「執我」の状態ではなく、自分の思考方法・価値観・人間観・世界観・子ども観・教育観・基準・知識を捨てたり保留したりする「捨我」の状態でなければならない。教師の精神が「執我」の状態になると、教師は子どもの都合よりも自分の都合を優先することになる。自分の都合を優先する教師は子どもの心に思いがいかないので、子どもの都合よりも自分の都合を優先していることに気づかない。

　教育や保育の対象は、子どもや障碍者である。子どもや障碍者は教師・保育士よりも年少で、「知識」や「できること」も教師・保育士に比べれば少ないのは当然である。子どもや障碍者は教師よりも劣ると考え、自分の考えが正しいと判断して押し付けたり、上から目線になる余地が生まれる。上から目線になると、子どもの長所・可能性よりも、短所・課題・できないことに目が向く。必然的に説明・指示・命令・禁止・注意・補助・介助が多くなり、子どもの心は教師から離れ、教師は子どもの心に寄り添うことができなくなる。

　子どもの心に寄り添うためには、教師は「子どもの話」や「子どもの生命そのもの」から発するあらゆることに傾聴しなければならない。教師から見て困

る行動でも、子どもにとっては理由があるはずなので、肯定的に見なければならない。否定的に見ると、子どもは教師の姿勢を敏感に感じる。肯定的に関わることのできる教師は、笑顔で自然に語りかけながら、子どもの気持ちをうまく引き出したり、感知したりすることができる。

　子どもと関わるには、エネルギーが要る。子どもの心に寄り添うためには、教師は他人事ではなく、まるで自分のことのように親身に関わらなければならない。親身に関わると、自分のことのように共感・感動することができるようになる。

　「寄り添う」とは、子どもをガラス越しに観察することでも、後追いすることでも、近距離で備えることでもない。寄り添うとは、見守ることでもある。寄り添い、見守るためには、ある程度の距離も必要である。いつも、視野に入る近距離にいられたり、近くでじっと見られ続けられたら監視されているようでたまったものでない。寄り添うための距離の取り方も考えなければならない。子どもが失敗したからといって、すぐに手を出してはいけない。子どもがにっちもさっちもいかなくなったら、どの時点で見守ることを止めるのか。見守ることを止めた後に、どのような支援をするのかの判断も求められる。また、背後にいる他の子どもの心に対しても、思いを寄せなければならない。視野に入らなくても、教室にいる子ども全員の心を見通しながら支援を進めなければならない。

　教師が「子どもの心に寄り添う」とは、子どもに真の主体的な活動が展開されるための「教師と子どもの関わり方」である。教師と子どもに信頼関係がなければ、教師は子どもの心に寄り添うことはできない。「寄り添う」や「見守る」は、極めて積極的な支援である。

（3）主体的な活動の促進

　主体的な活動を促進する前提として、前項の「解放的な雰囲気づくり」「子どもの心に寄り添う」は必ず押さえなければならない。そのうえで、主体的な活動を促進するために押さえなければならないことを表6で17の内容を挙げた。

　教師から一方的に知識・技能を教えられたり、教師にさせられたりする活動
は、主体的な活動と真逆である。

　文部科学省が能動的な学修として「主体的・対話的で深い学び（アクティ
ブ・ラーニング）」を打ち出したのは、知識伝達を主とした受動的な従来の教
育の弊害を認めたからである。深く学ぶことがメインで、そのために教師・仲
間などと対話しながら主体的に学ぶことの重要性をやっと打ち出したのであ
る。ただし、座学を否定し、体験学習・グループ討論・グループワークなどを
することをアクティブと勘違いしてはならない。そもそも「アクティブ・ラー
ニング」の用語が誤解を生む原因になっている。英語の「アクティブ」には、
「能動的・主体的」の意味もあるが、一義的には「活動的・行動的・積極的」
の意味がある。「アクティブ」の用語から、活動的・行動的・積極的な活動が
求められていると誤解されやすい。「アクティブ・ラーニング」を「能動的学
修」とするのはよいが、「アクティブ・ラーニング」を「主体的・対話的で深
い学び」とするのは無理がある。「対話的」と「深い」に相当する英訳がない
からである。文部科学省も「アクティブ・ラーニング」の用語はよくないと判
断したのか、「アクティブ・ラーニング」を「主体的・対話的で深い学び」に
置き換えている。「アクティブ・ラーニング」は『学習指導要領解説総則編』で、
授業改善の視点として、括弧書きに留めている。

　いずれにしても、教師が子どもと対話しながら子どもの主体的な学びを深め
ることが重要なので、見た目が座学かアクティブかは問題にならない。子ども
の中で、主体的な学びが深められているかが重要である。

　主体的な活動による深い学びを創るためには、活動内容（68-76頁「題材
の条件」）も重要である。子どもにとって、興味・関心の持てる学習内容でな
ければならない。支援（82-88頁「段階的支援」）も重要となる。過不足のな
い、タイミングを逃さない支援が求められる。支援は言葉のみとは限らない。
言葉以外の方法も考えなければならない。言葉による支援でも、言葉に教師の
思いをのせなければならない。子どもとの会話も、言葉だけで判断してはなら
ない。言葉でうまく伝えられない場合も少なくないので、子どもの表情・雰囲
気・まなざし・うなづき・驚嘆や感嘆などの短い言葉など、活動全体から判断

しなければならない。

　そもそも、教育は表出された言葉（話し言葉・書き言葉）に偏重している。学びの結果や目に見える現象は確認しやすいが、学びの過程や目に見えない現象は認識しづらい。言葉は万能ではないので、表出された言葉だけで判断するのは危険である。

　また、子どもがそのときに持っている能力で簡単にできる学習内容では、深い学びにならない。集団（教師・仲間など）の関わりによって、自分一人ではできないことができるようになったり、気づかなかったことに気づくようになる。ヴィゴツキーの、「発達の最近接領域」である。

　簡単にはできないので、失敗して何度もやり直したり、思ったよりも時間がかかったりのは当然である。その際、教師が早くできるようにしたり、失敗しないようにするのは厳禁である。教師が考える行動にいちいち修正されたり、同じことを訓練的に繰り返されては、子どもは意欲を喪失する。主体性とはほど遠い世界である。試行錯誤に失敗はつきものである。失敗しても、主体的な取り組みは評価して伝えなければならない。

　試行錯誤が長く、授業の時間内で終わらない場合がある。1コマの授業で完結することを求めてはならない。続きは、昼休み・放課後・次の時間など、弾力的に考えればよい。日課表（期間割）は、子どもの都合に合わせて弾力的に運用すべきである。

　学習場面で判断材料を提供することはあってもよいが、最終的には子ども自身が判断するようにしなければならない。そのためには、子どもに任せる場面、子どもが判断しなければならない場面、子どもが自分で考えてやらざるをえない場面が豊富になければならない。

　子どもが自由に取り組んで、自由に表現したり、試行錯誤したり、創意工夫したり、題材を越えて発展させたりする時間はじゅうぶん確保してあげなければならない。そのためには、過程や結果が分かりやすい学習内容であるとともに、身体や道具の使用などによる体性感覚に働きかける学習内容も重要である。そして、結果にとらわれず、過程を受容し、過程を尊重しなければならない。

　子どもの学びの成果を展示（校内外）・印刷物・学級便り・学校便り・学校のホームページやSNSなどで発表することによって、子どもの自信が確かなものになることが期待できる。子どもの主体的な活動の高まりにもつながる。さらに、保護者や社会の子どもに対する理解が深まる。保護者と子どもの会話も弾む。保護者からも褒められることで、主体的な活動がさらに高まる。学びは授業で完結させるのではなく、授業後の取り組みも考えなければならない。

　次に述べる成就感・達成感・充実感・満足感・自己肯定感は、主体的な活動を通して体感される。

（4）　成就感・達成感・充実感・満足感・自己肯定感の体感

　成就感・達成感・充実感・満足感・自己肯定感の体感は、教師も子どもも関係ない。教師と子どもが共同で学びを創ることができれば、教師と子どもの両者が体感できる。

　では、どのようなときに成就感・達成感・充実感・満足感・自己肯定感を体感するのだろうか。それは、「発見したとき」「できないことができたとき」「自分の力を最大限に発揮したとき」「自分の想像を越える力が発揮されたとき」「自分のがんばりが教師・仲間・社会などに認められたとき」「自分の心情が揺さぶられる体験をしたとき」などである。手ごたえであり、自分の再発見・新発見でもある。「発見する」「できないことができる」は、「簡単に」「すぐにできる」ことではなく、自分が持っている力ではできないことが教師や仲間の力も借りて、自分の力が最大限に発揮されたときに可能になることである。

　成就感・達成感・充実感・満足感・自己肯定感の体感は全ての授業で目指さなければならないが、簡単ではないのも真である。真に授業力のある教師なら、全ての子どもに成就感・達成感・充実感・満足感・自己肯定感を確実に体感させることが可能であろう。このような真に授業力のある教師を目指さなければならない。

　なお、成就感・達成感・充実感・満足感・自己肯定感は、1コマの授業で体感することもあるが、長い時間をかけて体感するものもある。

　教師は、子どもの主体的な活動を促進しながら学びを深め、全ての子どもに

成就感・達成感・充実感・満足感・自己肯定感を体感させる義務と責任がある。子どもには、成就感・達成感・充実感・満足感・自己肯定感のある豊かな学校生活を送る権利がある。

（5）　基本的なこと

「基本的なこと」は、教師の姿勢のベースになるものである。いくら題材や支援を吟味して授業に臨んでも、実際の授業で教師が子どもとどのように関わるかは、「子どもの心情を深く洞察できる感受性」「教師の思いを伝える表現力」「子どもの学びを感受して判断する力」「子どもの学びを自分のことのように感じる共感力」で決まる。感受性・表現力・判断力・共感力は、授業における教師の生命線であり、授業及び子どもの学びの質を大きく左右する。それだけ、教師の感受性・表現力・判断力・共感力は極めて重要である。授業における具体的な事実を通して検証し、高めていかなければならない。

授業は同じ学習内容の下で、一斉に活動することが多い。しかし、活動が始まると、子ども一人一人の取り組みに差異が生じる。教師が描いたストーリーに当てはめようとすると、遅れている子どもは急かされたり、中止を余儀なくされる。教師の授業なら、それでかまわない。しかし、授業は子どものために行われるものなので、個人差には最大限に配慮しなければならない。授業は、同じ学習内容で、同じ速さで、同じ結果にたどり着くことではない。一人一人の子どもが納得できるまでじっくり取り組ませなければならない。

徹底的に教材研究をして授業に臨んでも、子どもの学びが展開されないこともありえる。この場合は、学びが展開されるように工夫するとともに修正していなければならない。それでも好転しない場合は指導計画を見直して、予定よりも早く次の計画に移行したり、時間割上の次の教科・領域に移行することも考えなければならない。逆に、子どもの学びが深化した途中で指導計画の終了を迎えた場合は、計画を延長することも考えなければならない。時間割や指導計画どおりに行うと教師は楽に違いないが、子どもの事情に合わせて時間割や指導計画を弾力的に運用しなければならない。

さらに、図3（177頁）のように、1コマでは気づかない変化が数年後に起

こることもあるので、1コマの授業に一喜一憂しないで、長いスパンで学びを捉えることが必要である。

　どのような理由で「その活動を用意したのか」「その支援をしたのか」など、活動内容や支援などの一つ一つに根拠がなければならない。授業後の評価は、その根拠を吟味しなければならない。

　子どもの学びの深化は、教師の授業力の深化に比例する。教師が自分の授業力を深化させるためには、教師としての力量不足を自覚しなければならない。そして、この力量不足感をエネルギーにして、教材研究・授業研究に邁進しなければならない。学校では、質の高い授業研究が日常化しているかが問われる。教師の徹底的な教材研究・授業研究が、教師の授業に対する姿勢を高める。

4　「教師が子どもに『させる』・子どもが教師に『させられる』」教育から、「子どもが主体的に『する』」教育へ

　前項で述べた「教師の姿勢」を教師が理解し、授業で確実に具現し、子どもに伝わるようになれば、「子どもが主体的に『する活動』」を展開することが可能になる。しかし、「教師が子どもに『させる活動』」・「子どもが教師に、『させられる活動』」が依然としてはびこっているのも事実である。教師は「子どもが主体的に『する活動』」を目指さなければならない。

　表7[26]は、「させる・させられる活動」と「する活動」を対比したものである。以下、「する活動」と「させる・させられる活動」それぞれの活動の特質を明らかにしたい。

（1）　させる・させられる活動

　教師よりも若年の子どもを対象とする教育には、教師が「教える・指導する」意識が根強くある。子どもよりも自分の考えが正しいとの思いから、教師が「教える・指導する」ことによって、子どもを教師が想定した枠に誘導することになる。教師が想定した活動にならないと、説明・指示・命令・禁止・注意・補助・介助をして、子どもの活動を修正する。教師の考えが優先し、教師

表7 「させる・させられる活動」と「する活動」

させる・させられる活動	する活動
教師主体	子ども主体・子ども主体と教師主体
・教師が子どもに活動「させる」授業。子どもが教師に活動「させられる」授業。	・子どもが主体的に活動「する」授業。
・教師の世界。子どもを借りた教師の授業。教師独りよがりの授業。	・子どもの世界。子どもの主体性が発揮された、子どもと教師共同の授業。
・結果重視。	・過程重視。
教師主体の活動	子ども主体／子ども・教師共同の活動
教師の授業構想を手がかりに、教師が子どもとやりとりしながら授業が進められるが、教師の考えが優先するため、子どもの行動は修正され、教師の指示や命令によって、教師が考える枠にはめられていく授業。	教師の授業構想を手がかりに、子どもが教師や仲間とやりとりしながら、子ども主体の学びが深められ、教師も子どもも予想できなかった高みに登りつめる授業。
・教師が把握した事実にとらわれる。	・現実をありのままに尊重する。
・一定のことを教えたり、体験させるだけの授業。	・子ども内部の宝が掘り起こされる授業。
・授業が比較的スムーズに展開する。	・教師のプランどおりには展開しにくい。
・結果や課題解決が目的化するため、分かったことやできたことが重視される。	・結果よりも、分かることやできることの過程が重視される。
・教師対子ども全員による一斉授業になるため、子どもどうしの関わりが少ない。	・子どもどうしの関わりが豊かである。
・失敗が許容されにくく、失敗しないための手だてが講じられるため、試行錯誤の過程があまり保証されない。	・失敗が許容され、試行錯誤の過程がじゅうぶんに保証される。
・目に見える結果が優先し、指示や命令が多く、子どもを支配する授業。	・主体的な学びを引き出すための最小限の支援。目に見えない内面が重視される。
・結果を急ぐため、子どもを急かし、待てない。	・過程を重視し、子どもに寄り添いながら、じっくり待つ。
・自分であまり考えず、教師から指示されたことに、それなりに取り組む。	・自分で考え、判断して行動する。活動に集中し、夢中になって取り組む。
・指示されたことを、自分の力の範囲でこなす。	・自分の力が最大限に発揮され、発達の最近接領域に到達する。
・個性があまり発揮されない。	・子どもの多様な個性が発揮される。
・工夫や発見や驚きが少ない。	・工夫や発見や驚きがある。
・知識や技能やスキルの習得。	・思考力や判断力や表現力の修得。
・できないことが一見できるようになる。	・分かるため、できないことができるようになる。
・成就感や達成感や自己肯定感が少ない。	・成就感や達成感や自己肯定感がある。
・頭で理解する。	・心で理解する。

が考えた授業プランの枠内に子どもが押し込まれていく。

　教師が想定した枠に誘導すると、授業はスムーズに展開する。これでは、「子どもを借りた教師が満足する授業」「子ども不在の教師独りよがりの授業」と言っても過言ではない。

　教師が考えた結果に早くたどり着くことが優先するため、子どもは教師から急かされ、指示されたことを指示どおりに活動することになる。そのため、子どもはじっくり考えたり、じゅうぶん試行錯誤をする場面がないままに活動が展開する。教師から一定のことを教えられるだけで、子どもの内部にある宝が掘り起こされることはない。子どもにとって工夫・発見・驚きが少ないので、成就感・達成感・自己肯定感を実感することもない。個性が、じゅうぶん発揮されることもない。

　また、教師は子どもの内面にはあまり思いがいかないため、目に見える現象で判断する。「分かった・できた」の結果が重視されるため、子どもが「どのように分かったか・どのようにしてできたか」の過程は軽視される。この過程にこそ、学びの本質があるのに。

　教師対子ども全体で一斉に授業が展開されることが多いため、子どもどうしの関わりは少なくなる。結局、「させる・させられる活動」は子どもの主体性が損なわれ、教師が子どもを支配する授業、子どもが教師に付き合わされる授業になる。教師が自己満足する授業以外の何ものでもない。

（2）する活動

　教師は徹底的な教材研究によって活動内容を考え、子どもの主体的な学びが深化する授業プランを立てて授業に臨む。この際、教師のプランを子どもに押し付けることはしない。子ども一人一人の内面を洞察しながら、子どもの主体的な学びを引き出すために、すぐに解決できる直接的な支援ではなく、間接的な最小限の支援をする。「する活動」では、子どもと教師の両方の主体性が発揮され、共同で学びが創られる。

　子どもは教師が考えるようにはいかないとの前提に立つので、子どもの活動に寄り添いながら、失敗を許容し、試行錯誤しながら集中して取り組む過程を

じっくり見守る。結果よりも、この過程が重視される。子どもは試行錯誤の過程で、自分で考えて、判断して行動するようになる。工夫・発見・驚きも生まれる。

仲間との関わりも豊かに展開されるので、自分一人では気づけないことにも気づいたり、一人ではできなかったこともできるようになる。教師や仲間の関わりもあって、自分の力が最大限に発揮され、自分一人では到達できなかった発達の最近接領域に到達できるようになる。今まで発見できなかった、自分の宝が自分の手で掘り起こされていく。教師も子どもも予想できなかった活動が展開される。授業を通して、教師も子どもも成就感・達成感・自己肯定感を実感する。

子どもと教師の認識や理解のプロセスが違うことを前提に、子どもの学びを教師の鋭い感受性でリアルタイムに読み取りながら、一筋縄ではいかない子どもが主体的に取り組む「する活動」を、いかに教師が組織し、展開できるかが問われる。

（3）「させる・させられる活動」と「する活動」を支える「教師の精神」

「させる・させられる活動」と「する活動」は、教師の思考方法・価値観・人間観・世界観・子ども観・教育／授業観・基準・知識の相違による。教師の思考方法・価値観・人間観・世界観・子ども観・教育／授業観・基準・知識を根底で支えているのは、教師の精神である。教師の精神のありようによって、「させる・させられる活動」になったり、「する活動」になる。

教師が授業に対する考えを変えるレベルではなく、授業に対する考えの根っこにある精神のありように気づかなければ、「する活動」を目指す授業は決してほんものにはならない。教育界は、この精神のありように言及することはほとんどないが、教育を根底から支える教師の精神のありようにもっと着目しなければならない。

第1部で述べたとおり、クラーゲスによると人間の生命は「心情と肉体」で形成され、その生命に後から「精神（自我）」が闖入したとされる。そして、「精神」には、「執我」と「捨我」の両極性・二重性・拮抗性があるとされる。

「執我」は、自我にとらわれた状態、自我を主張する状態である。「捨我」は自我にとらわれずに解放された状態、自然や他者に傾聴し融合しようとする状態とされる。

「執我」及び「捨我」が、片方だけの人間はありえない。人間はそれほど単純ではない。例えば、教師に「執我」傾向が強ければ、教師の中にある「捨我」傾向を遠ざけようとする拮抗作用が働くので、「執我」傾向がますます強まる。「執我」を推進しようとすると「捨我」の抵抗が伴い、「執我」がより強く働くことになる。

クラーゲスのこの考え方に照らすと、「させる・させられる活動」は教師の精神の「執我」傾向が強く、「する活動」は「捨我」傾向が強い状態である。

教師の精神が「執我」のほうに振れたときは、教師の自我が拘束された状態である。教師が自我を解放することのよって、「捨我」に近づくことができる。教師は表2（21頁）・表4（28頁）の「捨我」、表5（34頁）の「指示的思考」に自分を置いて、「捨我」の動向を養う努力をしなければならない。

教師が自我から解放された「捨我」の状態になるためのヒントが、「執我」と「捨我」の特質をまとめた表2（21頁）・表4（28頁）・表5（34頁）にある。表2と表4の「執我」と「捨我」の内容、表5の「指示的思考」と「概念的思考」の内容を比較することによって、その違いがより理解可能になり、「捨我」の具体的な姿が明確になる。

教師の精神が「執我」のときは、教師は自分の考えや自分が概念的に把握した事実にとらわれ、教師の考えの下で授業することが教師の義務・責任となる。子どもを支配し、教師の考えに子どもを従わせようとする。その結果、子どもの生命は萎縮する。

一方、教師の精神が「捨我」のときは、教師が自身の我欲・自我から解放され、目の前で展開される子どもの現実をありのままに受け入れる状態である。教師は子どもの生命の躍動に共感・感激し、子どもの活動を温かく見守る。その結果、子どもの生命は輝く。

第 2 章
子どもの生命が輝く「題材」の在り方

1 「題材の条件」を考える

　授業は、題材を通して展開される。題材とは、活動内容である。題材は教師が用意する。子どもは題材を選ぶことができないので、教師が用意した題材を受け入れ、従うしかない。校種や教科・領域などにもよるが、子ども全員が同じ題材の授業もあってよいが、複数の題材から子どもが選ぶ授業も模索されるべきである。

　教師が毎年全ての授業の題材を考えることは、大変なことである。一人で考えるには限界があるので、専門図書、専門雑誌、学会誌、実践発表、教科書、前任者などの実践、大学で学んだもの、ハウ・ツー本、参観授業などを参考にする。

　参考にしても、そのまま安易になぞる教師もいれば、徹底的に教材研究・教材解釈して自分なりに再構成する教師もいる。子どもの学びを深めるための題材に苦慮している教師は、他の実践から必死に学ぼうとする。そのため、過去の先駆的な実践に辿り着きやすい。そうでない教師は、過去の優れた実践を知ることにあまり関心を持たない。よって、過去の優れた実践が活かされていくとはかぎらない。過去の優れた実践を知らない教師ほど、自分の実践を過大評価する。

　本来の教育は過去の優れた実践に学びながら、それ以上を目指さなければならない。しかし、現状は決してそうと言える状況ではない。積極的に他から学

ばなくても教師が務まるからである。優れた実践で知られる学校も、その授業を担当していた教員が退職したり、転勤したりすると、そのとたんに実践が振り出しに戻ることは珍しくない。後任者が、前任者と同じような授業ができないのは当然である。後任者は前任者などから授業の本質を学びながら、自分の主体性・自主性を最大限に発揮して、新たな授業を創造していかなければならない。しかし、そうならないのは、次項で述べる「教師の都合」という授業力とは関係ない問題がある。優れた実践の本質が理解できない教師ほど、後でその実践を非難しがちである。

　小学校・中学校では教科書に載っている題材をそのまま使うことが多いが、子どもにそのままなぞらせることは望ましくない。子どもに学びを創るためには、その教科・領域に合致した「題材の条件」を加味しながら、教科書の題材に徹底的な教材研究・教材解釈を加え、授業プランをしっかり立てて授業に臨まなければならない。

　特別支援学校の場合は、教科書どおりに展開することが難しいことも少なくないので、題材の選定は担当教師に委ねられることが多い。

　題材は子どもの学びに直結するので、どのような題材でもよいわけではない。対象の子どもに合致した、子どもの学びを創造するための条件が題材になければならない。そのうえで、徹底的な教材研究・教材解釈が不可欠になる。

　しかし、学習指導案の題材設定理由に題材設定の根拠が記載されることがあっても、教科・領域に応じた「題材を選ぶための条件」が整理されて明文化されたものを見たことがない。公開研究発表会・学会・研究会・学校参観などにもそれなりに参加し、専門図書や専門雑誌にもそれなりに目を通してきたつもりだが、整理・明文化された「題材の条件」を一度たりとも目にしたことがない。各学校には整理・明文化された「題材の条件」がないのに、どのような基準で題材を選定しているのか不思議でならない。

　「題材を選ぶための条件」は、頭の中に入っているとでも言うのだろか。学習指導案に書かれた題材は「題材を選ぶための条件」が多少分かるが、その他の学習指導案を書かない題材はどのような条件で選定しているのだろうか。条件なしに、教師の思いつきやひらめき、その場しのぎで選定しているのだろう

表8 題材の条件 [27]

No.	観　点	内　容
1	適度な難しさ （発達の最近接領域）	① 現在の能力で簡単にできる内容ではない。 ② 教師や集団の支援があれば解決できる。
2	失敗の許容（判断の尊重） 過程・結果の明快性	① 経過や結果が明快である。 ② やり直しが容易である。 ③ 繰り返し行うことができる。 ④ 原因がある程度考えられる。 ⑤ 試行錯誤が可能である。 ⑥ 見通しが持てる。
3	発展性・多様性	① 易 → 難、少 → 多、小 → 大、粗 → 細、単純 → 複雑などの過程・段階・種類がある。 ② 工夫の余地がある。 ③ 発想が生かされる。 ④ 道具を使用する（道具の難易度、種類など）。
4	手ごたえ	① 材料（素材）に適度の、抵抗感、めりはり、大きさ、重さ、柔軟性などがある。 ② 働きかけに応じる。 ③ 道具を使用する（道具の操作性）。 ④ 動作（全身、手腕、手指、足など）を伴う。 ⑤ 小さな力から大きな力まで対応できる。
5	主体的活動場面 課題解決場面	① 任せる場面、判断を求める場面、やらざるを得ない状況などが確保される。 ② 支援を受けながら、自分で考え、判断し、工夫できる内容が多く含まれる。 ③ 単純なことを繰り返す内容が含まれない。 ④ 指示されたことを、指示どおりに展開する内容ではない。
6	人とのかかわりと表現 （共同性とコミュニケーション）	① 相談・協力・報告・質問・発表など、表現する場が多く設定できる。
7	複雑な扱いへの対応 正確さの不問	① 落としたり、投げたりしても壊れない。 ② 誤差が許容される。
8	成就感・責任感	① 一人で責任を持って行う内容が多く含まれる。
9	活動量の保証	① やり方の説明にあまり時間を要しない。 ② 待つ時間が少ない。 ③ 入手が容易で、身近な素材である。 ④ 要求に応じられる内容（量）がある。
10	興味・関心及び実態への対応	① 生活に密着している。 ② 経験したことがある。 ③ 発達段階や個人差・能力差（段階的な指導）に合っている。

か。教師の思いつきやひらめきも大事にしなければならないが、それはゼロ
ベースでなく、吟味された「題材を選ぶための条件」下での思いつきやひらめ
きでなければならない。学習指導案に書かれている題材設定理由に、後付け感
があるのは否定できない。

　他人が考えた題材を安易にまねしても授業はできるが、自分なりの解釈が
しっかりできていなければ、所詮、授業は借り物になる。

　どんな題材でも、子どもに学びが創造できるわけではない。子どもの学びを
確実に創造するためには、学びを創造するための具体的な条件がなければなら
ない。その条件は授業を積み重ねながら、上書きしていかなければならない。

　題材が適切でないと、いくら支援などに工夫しても、子どもの学びは頓挫
する。子どもの学びを創造するための「題材の条件」は、校種・学年・教科・
領域などによって多少の違いはあると思うが、それぞれに対応した「題材の条
件」を考えなければならない。徹底的に教材研究・教材解釈しても、最終的に
はあらかじめ吟味してある「題材の条件」のふるいにかけなければならない。
「題材の条件」を満たさなければ、その題材を止める勇気を持たなければなら
ない。

　表8は、知的障碍養護学校の中学部・高等部の作業学習や生活単元学習など
を想定した「題材の条件」である。いかなる校種・学年・教科・領域にも通じ
ると思っている。これを参考に、それぞれの教科・領域に合致する「題材の条
件」を考えなければならない。

　表8には、10の観点と31の内容を掲げた。10の観点はそれぞれ独立する
ものではなく、相互に関連している。

（1）　適度な難しさ（発達の最近接領域）

　子どもがそのときに持っている能力で簡単にできることではなく、教師や
仲間の力も借りてなんとかできる活動内容でなければならない。どんなにがん
ばってもできないことではなく、精いっぱいがんばればなんとかできる内容で
ある。簡単にできないから悩むし、試行錯誤する。子どもの能力に近接する領
域（発達の最近接領域）で活動してこそ、学びが創造できる。

（2）　失敗の許容（判断の尊重）／過程・結果の明快性

　適度に難しい課題だと、すぐにはうまくいかないことが多い。教師が考える結果に早くたどり着かせようとする教師は、すぐに解決策を与えてしまうので、失敗することも試行錯誤することもない。これでは子どもの学びが創造されない。我々が求める授業ではない。

　適度に難しい課題には、失敗や試行錯誤は必然である。失敗することによって、また考える。失敗したからといって、失敗したことや失敗につながった判断を責めてはいけない。

　失敗しても分かりにくい題材ではなく、失敗の過程や結果が明快に分かる題材が望ましい。明快に分かると、うまくいかない原因も考えやすい。そのうえで、やり直しも容易でなければならない。やり直しを保証するためには、材料も余分に用意する必要がある。例えば、自分で描いた絵が納得できなくて描き直したいと思ったとき、失敗を責める教師だと我慢する。描き直しを肯定する教師には、子どもが安心して描き直し用の紙をもらいに行くことができる。

（3）　発展性・多様性

　そもそも子どもは一人一人違うし、多様である。子どもたちの多様性や変化・発展に対応するためには、多様な過程・段階・種類のある題材でなければならない。可塑性の高い題材である。題材の可塑性が高ければ、子どものさまざまな工夫や発想にも対応することが可能になる。

　道具の使用は、教科・領域にもよる。作業学習などは、能力差にも対応できるように、さまざまな道具を使う題材を考えたい。

（4）　手ごたえ

　手ごたえは、子どもが自分で考えて行動したときに、その変化やうまくいったことなどで実感することができる。算数の問題を解けたとき、土粘土を思うように操作できたとき、金づちでクギをうまく打てたとき、逆上がりがうまくできたときなどに感じる。教師にやらされる活動では手ごたえを実感することは少ないが、試行錯誤を経てうまくいったときなどに感じることが多い。

　表 8 は作業学習などを想定したものなので、おのずと身体や道具を積極的に使うことを想定している。作業学習以外でも、身体や道具を通して感覚野（五感・体性感覚・運動感覚）や運動野に積極的に働きかける題材を考える必要がある。

（5）　主体的活動場面・課題解決場面

　教師から指示されたことを指示どおりにする活動は、子どもの主体性が発揮される場面は少ない。授業には、教師が説明したり教えたりする場面がある。説明したり、教えたりすることは必要である。説明したり、教えたりすることを否定してはならない。授業構想で、教師が説明する場面、教師が教える場面、子どもが主体的に活動する場面（子どもに任せる場面、子どもに判断を求めたり委ねたりする場面、子どもが自分でやらざるを得ない場面など）をしっかり確認しておかなければならない。

　主体的な活動場面には、自分で考え、判断し、工夫し、試行錯誤しながら課題を解決する場面が豊富に含まれていなければならない。単純なことを繰り返したり、教師に指示されたことをなぞるだけの題材は論外である。

（6）　人との関わりと表現（共同性とコミュニケーション）

　子どもが活動に集中できる題材を選定することが、重要である。しかし、学びは教師や仲間たちとの共同で行われる。自分一人ではできないことが、教師や仲間との関わりによってできるようになることも多い。よって、学びの共同性及び集団の教育力にも焦点を当てなければならない。個々の学びを核にしながら、どのように共同性及び集団の効果を加算していけるかである。そのためには、相談・協力・報告・質問・発表などの表現する場面が多く設定できる題材が望ましい。

　子どもが自主的に他から学んだり、影響を受けたりすることもあるが、教師の配慮によって共同性や集団が生かされるようにしなければならない。

（7） 複雑な扱いへの対応・正確さの不問

　教師は、教師が考える基準を子どもに要求しがちである。しかし、子どもは教師が考えるようには活動しない。教師から見ると正確さに欠け、おおざっぱに見えることもある。反面、教師が驚くような能力を発揮することもある。

　教師が考える正確さを、子どもに求めてはならない。そのため、多様な扱いにも対応できる題材が望ましい。教師が求める扱いや正確さに対応できる題材ではなく、子どもの多様な扱いに対応できる題材でなければならない。落としたり投げたりしても壊れにくく、かつ複雑で精密さにも対応できる題材である。

（8） 成就感・責任感

　成就感・責任感を実感するのは、自分の力が最大限に発揮されたときである。成就感は、充実感・満足感・達成感・自己肯定感でもある。そのためには、子どもが一人で責任を持って行う内容が多く含まれる題材でなければならない。

　ただし、一人で責任を持って行う活動であっても、自分の能力の範囲内で行う活動では意味がない。

（9） 活動量の保証

　授業を参観すると、授業でどのような活動をするかの説明に多くの時間を費やしたり、子どもに授業の目当てを考えさせて発表させる授業も見受けられる。また、授業の最後に反省を書かせたり、それを発表させている授業もある。このような授業では、子どもは成就感・責任感を実感することが難しい。授業の最初と最後に多くの時間が割かれ、必然的に子どもの待つ時間が多くなり、活動する時間が短縮される。決して長くない授業時間なのに、活動時間がますます短くなる。

　多くのコマ数を充てる題材では、毎回同じような説明が必要だとは思わない。ポイントを活動の前に確認してから活動することもあってよいが、活動中に確認することもあってよい。いつ、どのような指示・説明をするかしないか

は、教師の都合で行ってはならない。指示・説明が、教師の自己満足になってはならない。

　作業学習で、少ない材料に合わせた授業も散見される。少ない材料でも困らないように、活動の前後に必要以上の時間を割いて、意図的に活動時間を短くしていると思われる授業である。子どもが活動に対する満足感を得るためには、時間いっぱいたっぷり活動できなければならない。材料を確保することは楽ではない。購入しなければならない材料であれば、予算の範囲内の量しか買うことができない。そこで、身近にある材料を探して、教師自ら足を運んで確保することも考えなければならない。

　いくら子どもの学びにふさわしい題材でも、材料が少なかったり、活動時間が制約されるのはよくない。試行錯誤しながらじっくり取り組めるだけの材料を準備しなければならない。学びは材料の量に合わせるのではなく、子どもに合わせなければならない。

（10）興味・関心及び実態への対応

　題材が、子どもの興味・関心や実態に対応するのは当然である。能力的に考えて、明らかにできないことを取り上げることはできない。かといって、簡単にできることばかりを取り上げることも問題が多い。

　興味・関心の把握は、簡単ではない。子どもの生活や経験から、何に興味・関心を持っているかはある程度判断することができる。その興味・関心に訴える題材を考えることは大切である。ただし、子どもが興味・関心を持っていることの全てが題材に適しているわけではない。発達段階・個人差・能力差に対応し、学びを創造できる見通しが立つものでなければならない。

　一方、子どもが未経験のことでも、取り組んでいるうちに興味・関心を示す場合も少なくない。教育は文化を伝承する場でもある。それまでの教師の経験から、題材を考えて取り組ませることも重要である。

　つまり、興味・関心は既知のものだけではなく、未知のものも考えなければならない。興味・関心には、教師の子どもに対する教師の洞察力や授業力が反映される。

　教師が一方的に教える授業なら、この表8に掲げたような「題材の条件」は不要である。しかし、子どもが主体的に学び、子どもの生命が躍動するためには、教科・領域などに合わせた「題材の条件」を整備・明文化しなければならない。

　また、図画工作・美術などの制作活動（鑑賞もあるが）は、作品づくりのイメージが強い。しかし、「題材＝作品」ではない。子どもの個性が開花し、学びが豊かに展開される過程こそ重視しなければならない。作品はその結果にすぎない。試行錯誤を繰り返しているうちに授業が終わる時刻になり、中途半端な作品になることもありえる。それでかまわない。作品づくりが優先し、完成した作品で評価すべきでない。題材名は、結果としての作品を表すものであってはならない。

2　根強い教師の都合優先

　世界は時間と空間からなるので、平面（二次元）は存在しない。平面（二次元）は、抽象化された世界である。造形表現は土粘土作品のような立体（三次元）も大事だが、絵画などの平面（二次元）も大事である。よって、土粘土も絵画も同じくらい重要である。

　かつての千葉盲学校や弘前大学教育学部附属養護学校の美術作品展では、子どもの個性が開花した土粘土作品がたくさん展示されていた。そして、この実践を通して、土粘土が子どもの主体的な学びに優れていることが証明されている。また、千葉盲学校や弘前大学教育学部附属養護学校の実践以前から、滋賀県の施設（落穂寮・第二びわこ学園・一麦寮など）では土粘土に着目し、今日まで積極的に取り上げている。しかし、特別支援学校の美術作品展では、土粘土作品よりも絵画作品が圧倒的に多く展示されている。

　土粘土は可塑性に優れるので、自分の思いのままに操作しやすい。やり直しも簡単である。触覚を通して、土粘土のぬくもりなども感じることができる。表8に照らすと、土粘土はほとんどの条件をクリアし、絵画よりも多くの条件をクリアしている。それなのに、なぜ多くの特別支援学校で土粘土を積極的に

取り上げないのだろうか。子どもの都合を考えると、土粘土を積極的に取り上げなければならない。土粘土を積極的に取り上げないのは、教師の都合以外の何ものではない。土粘土を取り上げているとの反論があるかもしれないが、ほんの数回では取り上げたことにならない。

　いかなる職業もまじめに取り組むのは当然であるが、教師は「労力をいとわない教師」と「できれば労力をかけることは避けたい教師」に二分できる。絵画に比べると、土粘土がいかに教師の労力を要するかを確認したい。

　土粘土を積極的に取り上げない理由に、「土粘土に関する専門的な知識・技能がない」ことを挙げる教師もいる。何事も、最初は知識・技能に乏しいのはあたりまえである。時間をかけて教材研究し、専門的な知識・技能を身に付けていくしかない。土粘土の場合も、「どんな土粘土が適しているのか」「成形にはどのような方法があるのか」「焼成はどのようにしてするのか」「釉薬はどのようなもので、どのような方法で掛けるのか」「どのような道具を使うのか」「作品が壊れたら、どのように修理したらよいのか」などは、必死になって身に付ければよい。そもそも教材研究をじゅうぶんにしていないものを授業で取り上げるのは、子どもに失礼である。土粘土に関わる専門的な知識・技能の乏しさは、教師の都合であって、子どもには関係ない。

　絵画に使う紙は安いので、紙の購入に苦労する教師はいない。しかし、絵画に比べると土粘土は高いので、「土粘土を買う予算がない」ことを土粘土を積極的に取り上げない言い訳にする教師もいる。

　大事なのは、土粘土のよさに着目したなら、土粘土の確保に奔走すればよいだけである。学校や教師の居住地近くの工事現場や野山などから、粘土層を探して調達する。教材店から買うと割高になるので、粘土瓦製造業者・レンガ製造業者・陶器製造業者などに交渉して安価で分けてもらう。少しでも多くの土粘土を購入することができる予算を確保する作戦を立てる。このように、いろいろな方法が考えられる。筆者の場合は雪国の学校だったので、粘土瓦製造業者やレンガ製造業者は近くになかった。そこで、地元の陶器製造業者を訪ねて分けてもらったり、県外の陶土専門業者からまとめて購入したりした。工事現場や野山などから粘土層を探してサンプルを採ったこともあったが、耐火度や

収縮率から、使用できる粘土にたどり着くことができなかった。美術作品展の
あとに、大量の土粘土を寄附してくれる会社もあった。土粘土の確保に苦労し
ていたので、大変有り難かった。

　多くの土粘土を確保するには多大の労力を伴うが、少しでも多くの土粘土を
確保することも重要な教材研究である。土粘土のよさに着目して実践を積み重
ねていけば、子どもの個性が開花するので土粘土のよさを実感する。しかし、
土粘土を積極的に取り上げなければ子どもの個性が開花しないので、土粘土の
よさを実感することができない。そのため、土粘土の確保にも必然性を感じな
い。「土粘土を積極的に取り上げない → 子どもの個性が開花しない → 土粘土
を積極的に取り上げようとは思わない」、この悪循環に陥る。

　また、絵画は事前の準備をしなくても授業は可能である。授業開始時にそ
の場で紙や描画材料を出しても、特段困ることはない。土粘土の場合は、陶工
室・図画工作室・美術室などの机が完備している場所でも、事前に土粘土を運
んで確認しておかなければならない。バケツ・道具類・粘土板・雑巾なども準
備しておかなければならない。普通教室で授業する場合、ブルーシートなどの
準備が必要になることもある。

　授業終了時は、絵画の場合は描画材料と作品をそのまま保存することができ
る。筆やパレットを使っても、簡単に洗うことができる。一方、土粘土の場合
は、作品や残った土粘土を片づけたり、机を何度も拭いたり、道具類を洗って
保存しなければならない。特に土粘土作品は絵画作品のように重ねることがで
きないので、相応の保管場所が必要になる。学校で広い保管場所を確保するの
は簡単ではない。保管場所が多少あったとしても、1点でも多く置くために棚
板や仕切りなども用意して工夫しなければならない。作品の移動にも、時間を
要する。これらを、空き時間の少ない勤務時間内か勤務時間外にやらなければ
ならない。

　授業後は、絵画作品は特にすることはないが、土粘土作品は作品の個性が
生かされる焼成を考えなければならない。施釉する場合は、施釉の前に素焼き
をしなければならない。本焼きは、高温で焼成しなければならない。自動焼成
機能のある焼成窯だと時々様子を見ればよいが、それでも焼成には時間がかか

る。薪窯は、大量の薪を準備することも大変である。薪窯焼成は電気窯・ガス
窯・灯油窯に比べると時間がかかるうえに、薪を次々と焚き口に投入しなけれ
ばならないのでその場から離れることができない。筆者は簡易穴窯を造って、
薪で何度か焼成したことがある。土曜日は午前も授業がある時代だったので、
「土曜日の午後から日曜日」や「日曜日と祝日の月曜日」の休日を焼成に当て
た。同僚も積極的に協力してくれた。夜中に、保護者といっしょに焼成を見学
にきた子どももいた。

　どの窯であれ、一回に焼成できる作品の数は限られるので、何度も焼成しな
ければならない。作品が多くなると、相当な回数焼成しなければならない。小
学校・特別支援学校・保育園などの作品展で、作品が素焼きのまま展示されて
いたのを少なからず見たことがある。どう見ても、素焼きが最良の焼成方法と
は思えなかった。本焼きは何日も要しないので、本焼きする気があればできた
はずである。焼成窯がなくても、野焼きがある。素焼きして展示したのは、焼
成しないまま展示するのを教師の良心がとがめたからであろう。子どもの生命
の一部である作品の良さに合う本焼き（焼き締め、施釉、野焼き）を考えて焼
成するのは教師の労力を多く伴うので、労力をあまり伴わない素焼きにしたの
である。それ以外の理由は考えられない。本焼きが、めんどうだったにすぎな
い。

　土粘土作品は、焼成後も保管場所が必要である。保管方法を工夫しても、限
界がある。また、作品展を開催する場合は、絵画作品は額装しても重ねられ
る。運搬も展示も楽である。一方、土粘土作品は壊れないような梱包をしない
と運搬できない。箱やクッション材も確保しなければならない。土粘土作品は
壁に掛けられる作品は限られるので、机や床などにも工夫して並べなければ
ならない。展示会場に机や台などがなければ、運び込まなければならない。机や
台があったとしても、そのままでは作品が輝かないことも想定されるので、工
夫するための材料も準備しなければならない。運ぶための車も手配しなければ
ならない。

　絵画も土粘土も、材料を与えるだけでは子どもの学びは創造されない。子
どもの学びが創造される環境を考えたり、制作のテーマなどを工夫しなければ

ならないのは共通している。しかし、絵画と土粘土の明確な違いは、土粘土が「土粘土に関わる専門的な知識・技能」「費用」「授業前の準備」「授業中の対応」「授業後の作業」など、絵画を取り上げるときとは比較にならないほどの労力を教師に強いることである。実際に土粘土をやればやるほど、教師の労力は半端ではない。しかし、土粘土に取り組んでいるときの子どもの輝きを目の当たりにすると、教師の労力は吹っ飛んでしまう。

　粘土を取り上げても、土粘土ではなく、紙粘土や油粘土を取り上げる教師も少なくない。紙粘土や油粘土を取り上げるのは、子どもの都合ではなく、教師の都合にすぎない。紙粘土はべとつくうえ、繊維が絡まって自由に操作しづらい。油粘土も、油っぽくニキニキした嫌な触感があるうえ、弾力があって自由に操作しづらい。子どもの事情からすれば、紙粘土や油粘土はなんとも扱いにくい粘土である。しかし、教師からすれば、紙粘土や油粘土は焼成できないので焼成する必要がない。油粘土は、プラスチックケースに保管しておけばいつでも取り出して使える。このように、紙粘土や油粘土は土粘土に比べれば教師の労力を要しない。

　土粘土のよさを否定する教師はいないのに、積極的に取り上げない理由として「費用」や「専門的な知識・技能」などを挙げる教師が少なくない。これらとて、教師が努力すれば確実に解決できる。しかし、本心は多くの時間がとられ、多くの労力を要することから逃れたいのである。子どもの学びを本気で創造しようと思えば、徹底的な教材研究は避けられない。土粘土を積極的に取り上げない教師は、徹底的な教材研究も避けたいのである。よって、土粘土を積極的に取り上げるかどうかで、子どもの学びを本気で創り上げようと努力する教師かどうかを見抜くことができる。

　以上から、教師の都合によって、子どもの学びを創造するための条件に合致した題材が必ずしも選ばれるとはかぎらない。子どもの都合に照らせば、選ばれて当然な題材でも選ばれないことが少なくない。大変困ったものである。

　土粘土を積極的に取り上げない教師にもプライドがあるので、「教師にとっては、土粘土よりも紙粘土や油粘土が楽である」とか「子どもにとって土粘土がよいことは分かっているが、積極的にやると大変忙しくなる。忙しくなるの

はごめんだ」などの本音は、口が裂けても言えない。

　「題材の条件」を吟味して整備しても、題材の選定に主導権を持っている教師の都合が絡まるので、「題材の条件」を第一に考えた題材が必ずしも選ばれないという残念で悲しい状況がある。この状況をどのように受け止めて、どのように改善・克服していくかが教師一人一人に問われている。

第 **3** 章
子どもの生命が輝く「支援」の在り方

　授業では、教師が子どもに対して指示・説明・教示などのさまざまな支援をすることになる。いわゆる教授行動である。教授行動は、子どもの主体的な学びを阻害することもあれば、主体的な学びを促進することもある。

　教師の教授行動は子どもの学びを大きく左右する。的確な教授行動をとることが、教師に求められる重要な能力である。

1　支援を段階的に構造化する

　教授行動は研究者らによってさまざまに分類されているが、構造化されたものはあまりお目にかかったことがない。授業では、子どもにとって最適な教授行動をとることができれば、教授行動の分類や構造化は問題ではない。しかし、授業を参観すると疑問を感じる教授行動も少なくない。例えば、子どもが困っている時に、すぐに解決できる教授行動をとる教師が少なくない。

　教授行動は、構造化が目的ではない。構造化することによって、子どもの学びの過程にじっくり寄り添うことができる教師でありたいからである。いきなり直接的な支援をすると結果はよいかもしれないが、学びの過程は真っ白になってしまう。子どもの学びを確かなものにするためには、支援が必要な場合は間接的な支援から直接的な支援に向けて、回り道しながら、支援を小出しにすることがあたりまえにならなければならない。

　子どもの行動を教師が考える結果に早くたどり着かせたい場合は、説明・指

表9　支援の構造[28]

1　段階的支援

段　階		名称	内　　容
間接的支援 （高位水準） ↓ 直接的支援 （低位水準）	1	静観	・活動を見守る。
	2	発問	・問いかけて、気づくようにする。
			確認 「それでいいのかな」など。
			観察 「みんな、何をしているかな」など。
			想起 「前はどうだったかな」など。
	3	再生	・生徒が話したことや行ったことを、そのまま繰り返して気づくようにする。
		点検	・それでよいかを本人に点検させたり、教師がいっしょに点検して、気づくようにする。
	4	比較	・周囲の状況や友達のやり方などを比較させたり、良い例と悪い例をやってみせたりして比較させて、気づくようにする。
		選択	・複数の選択肢から選ばせて、気づくようにする。
	5	修正	・望ましい言い方ややり方に気づかせたり、教えたりして修正させる。
		説明	・名称、理由、原因、意義、ポイントなどを教える。
		示範	・見本を見せたり、やり方をやってみせる（部分、全体）。
	6	補助	・できないところ、言えないところ、きっかけなどを補助する。
	7	介助	・手を添えて、いっしょにやる。

2　共通的支援

集中	・見るとき、聞くとき、話すときに、気持ちを集中させる。
促進	・うまくとりかかれないときや、ちゅうちょしているときなどに行動を促す。
激励	・励まして、意欲を高める。
称賛	・良い点を褒め、いっしょに喜ぶ。
相談	・友達や教師に相談させて、気づくようにする。

示・命令・禁止・注意・補助・介助などを強めればよい。しかし、子どもの主体的な学びを創造していくためには、様子を見ながら、じっくり取り組ませな

ければならない。それは、教師からすれば遠い回り道になるかもしれない。根気強くヒントを小出しにしながら、教師の教授行動が子どもの主体的な学びに確実に寄与していかなければならない。

子どもがつまづいたり、困ったり、うまくいかないとき、子どもが自力で解決することも多い。しかし、解決できないときに、すぐに解決できる支援をするなら、「表9 支援の構造」にあるような「段階的支援」は不要である。表9は、知的障碍養護学校の生徒を想定したものである。

表9の「段階的支援」は、教師による個々の子どもに対する支援を主に想定している。しかし実際は、集団全体に対する「段階的支援」もあるし、仲間からの支援もある。仲間からの支援は子どもに直接行われる場合もあれば、表9の「5段階『観察』：みんな、何にしているかな」のように、教師の支援によって、仲間の活動からヒントを得るようにする場合もある。「表9 支援の構造」にある「共通的支援」は、「段階的支援」の各段階に共通する支援で、教室全体の雰囲気づくりなどにも大きく影響する重要な支援である。

なお、表9の「段階的支援」及び「共通的支援」には、「指示」「命令」「禁止」などは想定していない。指示・命令・禁止は子どもの学びの創造に必要ないし、子どもの学びを阻害しかねないと考えたからである。

具体的な支援をする際は、「いつするか」の判断も重要である。そして、支援をしたときはその支援を子どもが「どう感じたのか」「どう受け止めたのか」「どう理解したのか」などを深く洞察できる感受性を教師は磨いていかなければならない。なぜなら、その支援が子どもにとってどうだったのかを的確に把握して、次の支援につなげていかなければならないからである。

表9の「1段階『静観』：活動を見守る」は、教師が傍観しているのではない。この「静観」を含め、教師が具体的な支援をしていないときこそ「積極的支援」と考えなければならない。なぜなら、そのときの教師には「子どもがどのような気持ちで取り組んでいるか」「この後にどのように活動が推移していくのか」「どのような状態になったら、どのような支援をしたらよいか」などを深く洞察して考えなければならない時間だからである。

なお、表9に掲げた段階の名称は内容の説明で理解できると思うので、個々

の内容の説明は割愛する。

　教師が考える活動や結果に早く誘導すると子どもの学びは創造されず、子どもの生命は決して躍動しない。子どもが主体的に活動すればするほど、子どもは考え、悩み、工夫し、試行錯誤する。子どもが試行錯誤しながら活動に取り組む過程で、教師の支援が必要になることは多い。その支援は、間接的かつ最小限でなければならない。教師は子どもの様子を見ながら、その支援を「いつ」「どのようにするか」を瞬時に判断しなければならない。また様子を見て、更なる支援が必要か、必要ならどのような支援が必要かを考えなければならない。子どもが主体的に解決するまで、支援の段階を徐々に上げていくことが重要である。ただし、実際に支援する場合は、1段階目からスタートするとは限らない。段階どおりにいかないこともある。そのときの子どもの活動に合致すると考えた最小限の支援が、どの段階に相当するかにすぎない。想定したどの段階にも当てはまらない支援もありえる。

　授業は子どもが学びに集中すれば、子どもと教師はあうんの呼吸で対話しながら進められ、子どもの活動と教師の支援が一体になる。支援だけを取り出すことができないので、参観者は授業者の具体的な支援を見逃すことがあるかもしれない。それくらい、教師の支援は自然に行われなければならない。

2　題材に合わせた具体的な段階的支援を考える

　表9のような、「段階的支援」を考えれば終わりではない。表9を考えたうえで、実際の授業（題材）で想定される「各段階における具体的支援」を考えておかなければ、実際の授業で立ち往生しかねない。無論、いくら題材に合わせた「各段階における具体的支援」を考えても、そのとおりにはいかないことが多い。しかし、事前に「各段階における具体的支援」を想定した考えがしっかりあれば、その考えに基づいて柔軟な対応が可能になる。授業構想は表10まで考えてこそ、授業構想と言える。

　表10は、知的障碍養護学校中学部の生活単元学習のものである。中学部の行事で1年生の学級がゲームを行い、参加者に渡す景品を包装紙や袋で包む題

表10　「段階的支援」の具体例[29]

活動内容	教師の願い	予想されるつまづき	つまづきに対する主な具体的支援（手だて）
準　備	・必要なものに気づいて、自分から準備してほしい。	・席を立たない。	2 発問：「みんな何してるかな？」と話しかける。 4 説明：準備物の名称を確認したり、準備しないと仕事ができないことを教える。 6 補助：手をとって、立ちやすくする。
		・準備物を間違う。	1 観察：やる過程で気づくのを待つ。 3 注視：友達が準備しているのを見せる。 3 選択：準備物の中から、使うものを選ばせる。 3 相談：どうしてもうまくいかないときは、友達や先生に相談させる。 4 示範：見本を見せる。 5 指示：使うものを具体的に指示する。
		・どれを選択したらよいか迷う。	3 相談：友達や先生に相談させる。 3 選択：準備物の中から、使うものを選ばせる。 4 示範：見本を見せる。
包　装	・やりやすい場所でやってほしい。	・狭い場所など、やりにくい場所でやる。	4 説明：全体に話す。 2 発問：「やりにくそうだけど、どうかな」と話しかける。 3 注視：友達の様子を見せる。
	・できたら報告にきて、見せてほしい。	・話しに来れない。	4 説明：全体に話して、確認する。 2 発問：「できたらどうするのかな」と話しかける。 6 補助：話すきっかけや、言えないところを補う。
	・分からなかったり失敗したりしたら、あきらめたり黙っていないで、友達や先生に相談してほしい。 ① 困ったらすぐに気持ちを伝えてほしい。 ② 促されたり教えてもらったりして、言葉で表現してほしい。 ③ 望ましい言い方をしてほしい。	・困っていることを自覚できない。	2 発問：「それでいいのかな」と話しかける。 4 示範：見本を見せて、違いを理解させる。 5 指示：最後までやるようにさせる。
		・困っていても、教師の助けを待っている。	4 説明：困ったときは自分から話すことを、全体に話しかけて確認する。 2 発問：「困ったときは、どうすればいいのかな」と話しかける。 6 補助：話すきっかけや、言えないところを補う。
		・声が低かったり、発音が不明瞭だったりする。	4 説明：相手に伝わらないことを教える。 4 修正：望ましい言い方に気づかせ、修正させる。
		・言い方が乱暴になる。	2 発問：言い方がよかったかどうか問いかける。 4 修正：望ましい言い方に気づかせ、もう一度言い直させる。 4 説明：優しく話すように教える。
		・友達や教師に頼ってしまう。	4 説明：失敗してもいいから、やってみることの大切さを、全体に話して確認する。 3 注視：友達のやり方を見せる。 4 示範：見本を見せる。 5 指示：最後までやらせ、完成させる。

	・たとえ失敗したり、うまくいかなくても、自分なりに考えながら、思い切りやってほしい。	・あきらめてしまう。	3 注視：友達のいっしょうけんめいな取り組みの様子を見せる。 3 相談：友達や先生に相談させる。 5 指示：最後までやらせ、完成させる。 6 補助：取り組みのきっかけを補助する。
		・周りに気をとられる。	2 発問：「どこを見てるのかな」などと話しかける。 3 注視：友達のいっしょうけんめいな取り組みの様子を見せる。 4 説明：わき見をすると手が止まることなど、分かりやすく話す。
	・きれいに包んでほしい。	・袋や紙が品物に合っていない。	2 発問：「それでいいのかな」と話しかける。 3 選択：適切なものを選ばせる。 4 示範：見本を見せる。
		・やり方そのものが悪い。	3 注視：友達のやり方を見せる。 3 相談：友達や先生に相談させる。 4 示範：見本を見せる。 4 説明：やり方のポイントを教える。
		・雑になる。	2 発問：「それでいいのかな」と話しかける。 4 示範：見本を見せる。 4 修正：望ましいやり方に気づかせ、修正させる。 4 説明：仕事はていねいにやらなければならないことを教える。
		・包むこと自体が難しい。	5 指示：袋に入れる仕事をやらせる。 7 介助：手を添えて、いっしょにやる。
後片づけ	・自分が使ったものは、片づけてほしい。	・片づけようとしない。	3 注視：友達が片づけているのを見せる。 5 指示：片づけるものを具体的に指示する。
		・元と違う場所に返す。	2 発問：「そこでいいのかな」と話しかける。 4 説明：きちんと返さないと、次に使うときに困ることを教える。 4 修正：正しい場所を教え、修正させる。
	・ごみを片づけてほしい。	・ごみに気づかない。	3 点検：きれいに片づいているかどうかを、点検させる。 4 説明：ごみが落ちていることを教える。 5 指示：ごみが落ちている場所を示し、片づけるように指示する。
		・気づいてもやろうとしない。	2 発問：「どうすればいいかな」と話しかける。 3 注視：友達が片づけているのを見せる。 4 説明：気づいたら自分からやることを教える。 5 指示：片づけさせる。

材「どうやって包むかな」に関わる段階的支援の具体例である。予想される子どものつまずきで考えられるものを全て挙げ、そのうえで、子どもの予想されるつまずきに対して、教師が想定した「各段階における具体的支援」を整理したものである。

　教師は徹底的な教材研究・教材解釈をして授業に臨めば、子どもの実態に照らして、具体的にどのような活動をするかがある程度予測できる。そして、予測した活動に対応してどのような具体的な支援を段階的にすればよいかを表10のように構想することが可能になる。

　表10では、具体的な支援を段階順に表記しているが、フロー・チャートにしたり、図式化したり、矢印を活用したりすることなども考えられる。

　前項でも述べたが、実際の授業では具体的支援が段階順になるとは限らない。また、それぞれの支援は言語だけのときもあるが、身振りや手振りなどの動作も併用されることがある。よって、具体的支援は言語に留まらない。言語的支援と非言語的支援の両方を意識しながら、子どもに率直に伝わる方法で支援しなければならない。

　表10は、「活動内容」「教師の願い」「予想されるつまずき」「つまずきに対する主な具体的支援（手だて）」で構成されるが、「子ども自身の願い」「考えられるつまずきの原因」なども加えるとよいと思っている。

　ただし、全ての授業でこのような表を作成するにこしたことはないが、相当な時間がとられるので現実的ではない。いくつかの題材で作成して授業すれば、他の授業にも活用することができる。

　子どもが一人で解決できる学習内容では、子どもが学びを創造することは難しい。子ども一人ではできないが、教師や仲間との関わりがあればなんとか解決できる学習内容が望ましい。このような学習内容では一人で解決できることもあるが、支援が必要になることも多い。支援するためには、具体的な支援が緻密に構想できていなければならない。また、学習内容と支援は密接に関連しているので、支援だけを考えてはならない。

第4章
教員養成の在り方

　教員になるためには、大学などの教員養成機関で教員免許状を取得し、教員採用試験に合格しなければならない。教員免許状は、医師免許などのように国家試験があるわけではない。必要な単位を修得してから、都道府県の教育委員会に所定の書類を添えて申請すれば交付される。

　大学の授業科目に関わるシラバスには授業内容や評価方法などが記載されているが、評定は授業担当者に委ねられている。どのような知識や技能などを身に付ければ単位が修得できるかは、ブラック・ボックス化している。

　教員養成機関は、学生に学びを創造するための最新の知を修得させなければならない。ベテランの学校教員が、「今は、そのように考えるのか」と新採用の教員から教えられるくらいでなければならない。

　しかし、現実は教員養成がじゅうぶんできているとはいえない。どのような問題があるのか、どのようにあるべきなのかを考えてみたい。

1　教員養成系大学なのに教授学に疎い大学教員が多い

　教員養成系大学の教員は、教師として優れた資質を有する学生を育成しなければならない。教師の資質の核になるのは、教授学である。そのため、教員養成系大学の教員自身が教授学のスペシャリストでなければ、学生に教授学を修得させることはできない。教員養成系大学教員にとって、教授学のあくなき探究が不可欠である。

　しかし、現状は一部の優れた教員を除くと、研究そのものに疑問符が付く大学教員が少なくない。著書・論文があっても、教授学に直接無関係ないものが多い。最近、文部科学省がシラバスに記載された授業内容の一つ一つに対応した研究業績を求めているのは当然である。

　教員養成系大学が教員を養成するということは、学校教育を通して「優れた人格を持つ人間を育成する」ことに確実に寄与できる教員を養成することである。学校で学ぶ子どもたちの生命が輝くかどうかは、学校で授業を実際に担当する教員がその鍵を握っている。その教員を養成するのが大学である。大学の講義の質が、学校で学ぶ子ども一人一人に直結する。つまり、学校の授業で子どもの生命が輝くかどうかは、教員養成系大学の講義で学生が修得する知の質に大きく影響される。

　また、教授学と授業研究は両輪である。大学が、ＦＤ活動の一環として実施している授業参観・授業研究は形骸化している。学校現場の授業研究（会）は課題が多いが、それでも大学の授業研究よりはしっかりしている。本来は、大学の授業を対象に授業研究を深め、授業研究のあるべき姿を模索しなければならない。そして、その模索をベースに学校現場の授業研究の在り方を学生に学修させなければならない。同時に、学校現場に授業研究のモデルを提供し、学校現場の教育の質の向上に寄与しなければならない。これが、教員を養成する大学教員の責任である。

　学校に着任後も授業力は磨き続けなければならないが、４年間もの長きにわたって身に付ける教授学の知が土台になる。学生が修得する教授学の知は、教員免許状取得に関わる大学の講義を担当する大学教員の教授学の知に大きく左右される。教員養成系大学の教員は、このことを自覚しても自覚しすぎることはない。

（1）　そもそも研究レベルに疑問のある大学教員が少なくない

　大学の公表内容に差はあるが、どこの大学でも教員の研究業績が公表されている。公表が義務づけられた頃、突然厚くなった学会誌がある。研究業績に乏しい大学教員が、研究業績を作らなければならなかったからである。あまり学

会論文を書いていなかった大学教員が、慌てて書き出したからである。

　厚くなった学会誌を読んでも、心に響いてくる論文は少なかった。論文の質を客観的に評価する仕組みがないので、論文の質よりも数が重視される。人数の多い連名の論文や著書が多いのも、一つでも多くの業績をつくりたい意図があると言われても仕方がない。

　学会誌の査読にも問題がある。厳しくすると掲載可能な論文が少なくなるので、甘くなりがちである。査読をクリアする論文がなく、発行を見送らざるをえなかったケースは聞いたことがない。応募した論文が全て掲載されることはめったにないが、掲載率が極めて低い学会は聞いたことがない。また、学会も国際的なもの、全国的なもの、ローカルなものもあれば、会員数や学会誌の質もさまざまである。それなのに、学会誌に掲載されれば、査読付論文として等しくカウントされる。中には、査読付きではないのに査読付と申告する教員もいる。

　学会誌の質をランクづける客観的な物差しがあればよいが、さまざまな分野の学会があるので困難である。ならば、論文の質を担保するために、引用状況の記載を義務づけるのもよいかもしれない。

（2）　研究業績の少ない大学教員が多い

　大学教員に研究が求められる第1の理由は、教員自身の講義の改善である。質の高い講義を行うためには、必死に研究しなければならない。第2の理由は、社会的な貢献である。質の高い研究は、社会に大きな影響を与える。

　研究は大学教員のみならず、幼稚園・小学校・中学校・高等学校の教員、保育園や施設の職員などにも求められる。とりわけ大学教員は、週あたりの講義の担当コマ数が少なく抑えられ、研究費が支給され、研究室も完備されるなど、研究するための環境が整えられているので、質の高い研究が求められる。しかし、研究業績が少なくても、教授学に関する研究をしなくても大学教員が務まる状況がある。そのうえ、一般の社会人のように、週40時間拘束されることがない。大学教員は、実に羨ましい職業である。

①　著書や論文がなくても大学教授になれる

　独立行政法人・公立・私立を問わず、教員・保育士養成系の学部・学科には、体育・音楽・美術などの実技系教員が配属されている。力のある教員・保育士を養成するために、学生には当該の実技科目を現場でどのように指導したらよいかに関わる専門的な知識や技能の修得が求められる。担当教員には、取得できる免許・資格に必要な当該授業科目の専門的な知識や技能が求められる。教授学、教育方法学である。研究業績も、ここが最重要である。

　しかし、独立行政法人・公立・私立にかかわらず、教科教育担当教員を除くと、体育系は競技会の受賞歴、美術系は公募展の受賞歴や展覧会の開催歴、音楽系は演奏会の受賞歴やコンサートなどの開催歴が業績のメインになっている人が多い。

　体育大学・美術大学・音楽大学は、スポーツ・芸術を目指す学生の育成として、その目標となるスポーツ・芸術を大学教員が追求することは悪いことではない。しかし、教員・保育士養成系大学は、学生自身のスポーツ・芸術を追求するのではなく、免許・資格の対象である幼児・児童・生徒の発達に合わせてスポーツ・芸術活動をどのように高めて人格形成に寄与できるか、その教授学を学生に修得させなければならない。

　そもそも、教員・保育士養成系大学において、体育・美術・音楽などの実技系教員の競技大会・展覧会・演奏会の業績を、著書・論文と同等に扱うこと自体が問題である。競技大会・展覧会・演奏会に参加・応募したり、開催したりすることは自由である。しかし、教員・保育士養成系大学において、受賞歴や開催歴を著書・論文と同等に扱ってもらえるから、著書・論文を書かなくても済む状況が生まれている。同時に、競技会・展覧会・演奏会に拍車がかかる。悪循環である。

　教員・保育士養成系大学の実技系教員の研究業績を見ると、著書・論文のない教員が少なくない。信じられないが、競技会・展覧会・演奏会で活躍すれば、著書や論文が皆無でも教授になれる。

　教員・保育士養成系大学の実技を否定しているのではない。いろいろな運動も指導できなければならないし、保育園・幼稚園・学校で歌うときの伴奏もで

きなければならない。版画などを制作するための技能も身に付けなければならない。いわゆる、教材研究である。ただし、対象が保育園・幼稚園・学校なので、プロの芸術家や大人に教えるのではない。教材研究を基に、発達に対応して、どのように学びを深めさせるかを構想できなければならない。

　実技系科目の領域において、発達段階に応じて、何をどのように教えて、子どもの学びをどのように深めたらよいかを学生に具体的に教示しながら、学生に修得させるのが大学教員の責務である。実技系教員が、自身のスポーツや芸術活動をするのは自由である。別に、いっさいしなくてもかまわない。大学教員が自分の競技や芸術活動にいそしむあまり、当該教科の教授学に関わる研究をおろそかにしてはならない。教員自身のスポーツや芸術活動よりも、学生が現場に出たときの当該教科に関わるの授業力（教授学）こそ育成しなければならない。そのためには、大学教員自身が当該教科に関わる研究を深め、教授学に関わる質の高い研究業績を積み上げなければならない。

　教員・保育士養成系大学において、美術・音楽などの実技系教員の展覧会・演奏会の業績を著書・論文と同等に扱うのを止めるだけで、状況は改善する。慣行・既得権・人間関係などもあるので、大学内では方針の転換が難しいと思われる。この際、文部科学省がきちんと方針を示すべきである。シラバスに書かれている個々の内容に関わる研究業績が求められるようになってきたのは、教授学に関する研究業績に乏しい大学教員は慌てているかもしれないが、学生にとっては大変好ましいことである。

　　②　**研究業績に乏しい実務家教員もいる**

　教職大学院では、実務家教員が専任教員の4割以上、大学で2〜3割程度、専門職大学院で5割程度の実務家教員がいる。このように、実務家教員は増加傾向にある。

　教員養成系大学に応募する実務家教員は、職歴は立派でも研究業績の少ない人が多いのではないだろうか。職歴は「附属学校 → 指導主事 → 校長」などが多く、地域のリーダーと目される教員が多い。しかし、例外もあるが、研究業績は附属学校勤務時に公務として分担執筆した公開研究発表会の『研究紀要』程度の人が少なくない。学校現場は多忙なので、著書・論文を書く時間がない

とかばう大学教員もいる。著書・論文をたくさん書いている学校教員もいるので、その指摘は当たらない。

　「附属学校 → 指導主事 → 校長」と言えば、地域における教員のエリートに違いない。そのエリートですら研究業績が少ないのは、学校現場の研究が低調な 証 である。研究業績に乏しい実務家教員による講義は、質の高い講義が提供されないリスクを抱えている。この状況を打破するためには、大学教員自身による積極的な研究をベースに、学校現場を巻き込んで、学校現場の研究活動を活発にしていかなければならない。教員養成系大学の研究は、現場を抜きには成立しない。大学と学校現場が相乗効果を上げていくために、大学教員が研究を積極的にリードしなければならない。

　研究成果をあげている学校は、大学教員との共同研究が確実に実を結んでいる。同時に、大学教員及び学校教員個々の研究も深まっている。確固たる研究業績の裏付けが、講義での説得力につながり、授業の質を高める。

（3）低調な学会加入

　人間の知は、他からの栄養なしには決して豊かにならない。他からの栄養は自然や人工物などもあるが、他者によるところが大きい。我々が他者から学ぶ方法は、刊行物（図書・論文・学会誌・研究紀要・専門雑誌など）、現場（授業参観・発表［学会・研究会・講習会・シンポジウム・パネルディスカッション・フォーラムなど］・意見交換や議論など）である。刊行物は入稿から刊行まで時間を要するが、他はリアルタイムで学ぶことができる。

　学会は千差万別であり、レベルもさまざまあるが、その分野の専門家が多く参集しているのは事実である。学びは自主的に行われるべきものなので、学会に過剰な期待を持ってはいけないが、その分野の研究の動向を知ることができる。優れた研究をしている人を、発見できる場でもある。気になる研究発表をしている研究者とつながりを持てる場でもある。

　大学が情報公表している研究者情報を見ると、学会の加入が低調であることに驚かされる。多くの学会に入っている教員もいるが、1つか2つ程度の学会にしか入っていない教員、地方規模の学会がメインの教員もいれば、まったく

入っていない教員もいる。国内の学会にとどまらず、国際的・学際的かつ長期の視野で研究しなければならないのに、国内の学会にすらあまり加入していないのである。海外の学会に加入している教員は、極めてまれである。これが、研究職といわれる大学教員の実態である。

　学会員は大学教員などの研究職が多いが、現場の教職員（学校や幼稚園の教員、保育士、施設の職員など）や学生も珍しくない。学生会員は、会費を安く設定しているところが多い。しかし、現場の教職員や学生の加入率は決して高くない。附属学校勤務後に指導主事となり、教頭、校長を経て大学教員になる人でさえ、学会に加入している人は多くない。この事実が、今日の教育の状況を反映している。

　大学教員の学会欄に、校長会名が記入されていたのを見たことがある。学会に加入に加入していないのであれば空欄にすべきである。校長会は、校長になれば自動的に会員になるもので、任意団体の学会とは性格も目的も違う。

　学会に入らないので、学会発表もなければ、学会論文もない。論文がないので、引用されることもない。学生であれ、学校の教員であれ、保育園や施設の職員であれ、大学教員であれ、学会から学ぶことは少なくない。学会の加入状況と研究業績に相関関係があるのは否定できない。

（4）　論文の業績がないのに卒論を指導をする大学教員もいる

　学生は、卒業年次に卒業論文、いわゆる卒論を書く。実技系の大学は、卒論を卒業制作や卒業演奏に代える場合もある。

　教員・保育士養成系大学の中にも、制作や演奏などの卒業研究を認めているところもある。しかし、教員・保育士養成系大学は、教育・保育の在り方に関する論文とすべきである。

　学生にとっては、初めての卒論となる。卒論は、学位（学士・修士・博士）論文である。学位論文にふさわしい内容が求められる。レポートは学生の責任で仕上げればよいが、卒論はゼミ担当者である教員の指導を受けながら、学生とゼミ担当教員が共同で仕上げるものである。学生の論文であるが、担当教員の論文でもある。担当教員には、質の高い論文を作成するための指導力が問わ

れる。

　卒論は、指定された文字数や頁数を満たせばよいものではない。「研究目的が明確」で、「問いが未知のもので、自分の考えがしっかり表現された独創性がある」もので、「自分と他人の考えが区別されている」ものでなければならない。そのうえで、テーマと内容構成が重要となる。さらに、簡潔な文章の書き方、要旨の書き方、記号や項目番号の使い方、図表の表記方法、けい（けい線）の使いわけ、脚注の付け方、文献の表記方法、常用漢字への準拠なども学修させなければならない。大学教員自身が、これらを正しく理解していなければ学生に指導することはできない。

　卒論は、学生生活の集大成として重要である。重要性を意識している大学は、卒論を卒業要件とし、卒論の評価も複数の教員で行うことが多い。一方で、卒論を卒業要件とはせずに、卒論の評価もゼミ担当教員一人で行っている大学がある。

　複数の教員による評価は学生にとって厳しいが、それ以上に、指導教員であるゼミ担当者にとっては厳しくなる。卒論のレベルが低いと、ゼミ担当教員が何を指導したかが問われる。

　ゼミ担当教員一人による評価では、卒論が外部に晒（さら）されることがないので、ゼミ担当教員の指導力は問われない。ゼミ担当教員にとっては、このほうが楽である。学生にとっても、厳しく指導されることもなく単位を修得できるにこしたことがない。これでは、卒論の単位は修得できても、自分の力を最大限に発揮されにくいので、得るものも少ない。卒論は大学生活の集大成なので、乾いた雑巾を絞る気持ちで取り組まなければならない。

　複数の教員による評価はゼミ担当者以外の教員の目があるので、一定の水準が担保できる。しかし、ゼミ担当教員一人による評価には、ゼミ担当教員の指導力の差がそのまま反映される。よって、教員によるバラツキが出る。ゼミ担当教員一人による評価は温情が働きがちで、質がかなり低くても「不可」にしづらいのは否めない。

　卒論を卒業要件にするか、卒論の評価をどうするかは各大学で決めることかもしれない。学生の大学生活の質を担保するためには、その集大成である卒論

を卒業要件とするとともに、複数の教員で評価する必要がある。

　また、卒論の発表会を設けている大学もあるが、中には、設けていない大学もある。発表もしない、評価もゼミ担当教員一人でするなら、卒論はブラックボックスである。学生も教員も卒論から学ぶためには、発表会を設けるとともに、卒論の評価は発表と内容にそれぞれ点数配分して、複数の教員で行うべきである。

　論文を書いたことがない教員、卒論の指導に自信がない教員、卒論の指導力が浮き上がることを嫌がる教員は、発表会を設けて複数の教員が評価することに抵抗を示すかもしれない。卒論には、大学及び大学教員の質が反映される。大学として、卒論の評価や指導に関わる改善能力が問われる。

　質の高い卒論の作成は、教職に就いてから論文を執筆する確固たる基盤になる。

（5）　研究しなくても務まる大学教員もいる

①　研究しなくても済む大学教員もいる

　研究の定義はさておき、研究は主体的・自主的に行われるものなので、研究の中身を問われることはない。大学教員は、週あたり数コマの授業を行い、会議（月に数回の教授会や委員会など）に出れば仕事が務まる。一般人のように、週5日、40時間拘束されることはない。考えようによっては、大変楽な職業である。研究職なのに、あまり研究しなくても飯が食えるのが実態である。

　また、業務に支障がなければ出講が認められているので、他大学の非常勤講師をしている大学教員も少なくない。出講を許可する場合は、授業に支障がないことはもちろん、コマ数の上限を決めている大学が多い。

　専任教員の中には、専任教員が副ではないかと思われる職業に就いている人もいる。兼職である。大学教員は拘束される時間が少ないので、拘束されない多くの時間を本務と関係ないことに充てることが可能である。そこで、兼職の具体的な基準も明文化すべきである。

　大学近郊に住むように要請している大学もある。週2～3回の出勤で済む

ことも多いので、住所を移さずに他県から通える。

　出講・兼職・他県からの通勤が可能になる背景として、拘束時間の短さがある。授業だけこなすとしても、授業の前後にやるべきことがある。授業のほかに、FD（Faculty Development 教員の授業内容・方法を改善し、向上させるための組織的な取り組み）活動、個別指導や相談活動、委員会関係などの業務もある。腰を据えて仕事をしなければならいのに、アルバイト感覚、非常勤感覚でも本務が務まるのが大学教員である。

　医学系の教員をしていた知人の勤務状況に、驚かされたことがある。朝早く出勤して附属病院の入院患者を診て、その後に外来患者を診て、また入院患者を診る。その間に医学部教員としての授業、インターンの指導、症例会議、諸会議などであっという間に夕方になる。夕食のために一旦自宅に戻り、また大学に戻ってさまざまな業務をこなす。夜も更けてから、ようやく自分の研究ができる。さながら、不夜城である。仕事の進行状況によっては、研究室に持ち込んだ簡易ベットに泊まることも少なくない。その当時、知人は外国の学会の役職を務めたり、英文のレフリー付論文を約60も執筆していた。

　対照的に、人文系教員の多くは日中も不在がちで、夜遅くまで残っている人は少ない。日没の早い冬季の夕方に、明かりが点いている研究室は少ない。

　大学教員の仕事は研究が大きな比重を占めるのに、現状は研究しなくても済む環境に置かれている。精力的に研究に打ち込んでいる教員もいるが、研究らしい研究をしていない教員が多くいるのは事実である。その証拠に、著書・論文などの研究業績の少なさに驚かされる教員が少なくない。教授や学部長クラスでも、単著の著書が一冊もない人が多い。

　② 研究しなくても授業はできる

　担当している授業科目に関する知は、教員が学生よりも多く有しているので、教えることはできる。学生は、卒業や免許・資格の要件になっている授業科目を必ず履修しなければならない。その際、同じ授業科目を複数の教員が開講していても、他の授業科目とバッティングすれば、希望する教員の授業を選べない。開講科目が一人の教員であれば、教員を選択できない。同じ授業科目を複数の教員が開講し、受講したい教員を学生が選べるようにすべきである。

それが現実的でないなら、特定の大学どうしの単位互換制度を全国の大学に拡大することも検討すべきである。

　また、日本では提供も利用もまだ少ないが、MOOC（Massive Open Online Courses 大規模公開オープン講座で、国内外の大学講義を無料で視聴できる）を単位として認定することも検討する必要がある。なお、MOOC は一方通行の弱点があるので、直接アドバイスを受けられる CodePrompt がインドを拠点に提供されている。このように、世界中の優れた講師による講義が受けられるようになってきている。所属する大学のみの教育に縛られない時代、大学も大学教員もあぐらをかいてはいられない。

　指導主事や校長経験者の実務家教員は、その地域の教育に精通し、その地域の教育をリードしてきたかもしれない。問題は、その教員がその地域の教育の具体的なよさが何なのか、具体的な課題は何なのかをきちんと理解していなければならない。そのうえで、学生に現状の問題点と課題を考えさせなければならない。そのためには、研究を高めて、国内外の状況を把握するとともに、その地域の教育の立ち位置を客観的に理解していなければならない。そして、それを裏付ける豊富な研究業績がなければならない。そうでなければ、学生は現場の詳しい状況を知らないので、講義で伝えられる狭い地域における学校現場の状況・やり方をあるべき姿であると誤解するリスクがある。

（6）　研究のための研究と言わざるをえない研究をしている大学教員もいる

　教員・保育士養成系の学部・学科の教員にとっては、現場の教育・保育の向上に関わる研究が必須である。理論的な研究か、実践的な研究かは問題ではない。教員の研究が、現場の教育・保育の向上及び学生の最新の知の修得に寄与しなければならない。「それは現場のことでしょ」では通らない。

　いくら学問の自由があるからと言っても、何でも自由に研究してよいのではない。一市民ならともかく、大学人として所属しているなら、所属している学部・学科のニーズや授業担当科目と無関係でよいわけがない。教員・保育士養成系の学部・学科の教員でも、積極的に現場と関わりを持つ人は多くない。一方、研究テーマが自己満足と言われても仕方がないものも散見される。

　附属学校などの公開研究発表会で助言者となる大学教員は多いが、説得力の
ある助言にお目にかかることは多くない。眼前で繰り広げられた公開授業・提
案授業の具体的な事実に対して、具体的な根拠を基に、長所・課題・改善策を
具体的に論じなければならないのに、一般論・抽象論に終始する大学教員もい
る。せっかく授業参観しても、授業の意味を具体的かつ深く論じることができ
ないから、一般論や抽象論、表面的な助言になる。助言者に、教授学の知が乏
しいからである。

　教育・保育の在り方及び教授学を徹底的に研究していなければ、授業に具体
的に切り込むことはできない。大学教員は専門的な勉強をしているので、知識
として、一般論・抽象論を論じることはできる。一般論・抽象論そのものは正
論に違いないが、所詮、一般論・抽象論である。授業に深く切り込めなくても、
一般論・抽象論に終始しても、助言者として務まる現状がある。

　教員は研究業績の情報公開に伴い、業績づくりに拍車がかかっている。研究
して、その成果を発表することは大事なことである。しかし、教員・保育士養
成系の場合は日々の教育や保育の質の向上に寄与しなければならない。自分の
興味・関心のあるテーマが、理論であれ、実践であれ、日々の教育・保育の質
の向上にまったく関係ないものでよいはずがない。教育・保育の本質に迫る研
究でなければ、いくら著書・論文が多くても意味はない。このような研究は、
研究のための研究、研究業績づくりが目的であると言っても言いすぎではな
い。学会誌を見ても、教育・保育の本質に迫る論文、読んで心を揺さぶられる
論文は決して多くない。

（7）　図書をあまり買わない大学教員もいる

　筆者は赴任して、真っ先に附属図書館に行った。担当する授業に関わる図書
を調べたら、専門書の少なさ、専門雑誌が一冊もないのに驚いた。

　学生にとっても、教員にとっても、他からの学びは必須である。他からの学
びにとって、図書は大きなウエイトを占める。その図書が、充実からほど遠い
のである。そこで、在任7年間に、専門雑誌の定期購読を2冊、専門書を可能
な限り購入した。

　図書館や学科などから、毎年、購入したい図書を申請するためのアナウンスがあった。積極的に申請する一部の教員もいるが、大半の教員は消極的である。そのため、予算がなかなか消化できない。

　では、なぜ申請しないのだろうか。申請の手続きはそれほど時間がかからないので、申請のめんどうくささは理由にならない。最大の理由は、積極的に研究していないからである。図書は毎年出版される。教員の専門分野に関わる図書の出版にアンテナを張り、気になる図書をチェックするのは当然である。新刊及び過去の購入漏れの中から、学生や教員にとって常備に値する図書を購入するのが研究者の務めである。学校と違って、大学は図書を購入するのに恵まれている。

　大学が所有している図書（図書館及び研究室に配備されている図書）は、その大学の教員の研究に対するレベルと姿勢を反映している。

　ネット上の文献に大きく依存しがちな学生の状況を考えても、教員は読破に値する図書を学生に紹介する義務がある。そのために、教員は国内外の専門書の状況を常に把握しなければならない。それは、新刊にかぎらない。古書でも優れたものは揃えなければならない。

2　現状の授業科目では学生が深く学べない

　大学などの教員養成機関では、普通免許状に必要な単位を修得するために教職課程が設置されている。そして、取得できる免許の種類に対応した授業科目が開講される。

　普通免許状の小学校教諭一種免許状を取得するためには、「教職に関する科目」を41単位、「教科に関する科目」を8単位、「教科又は教職に関する科目」を10単位、「教育職員免許法施行規則第66条の6に定める科目」を8単位修得しなければならない。このように、教職課程で37科目程度、67単位程度修得しなければならない。さらに、大学卒業要件を満たすために、教職課程以外の単位も修得しなければならない。

　「教職に関する科目」は、「教職の意義等に関する科目」「教育の基礎理論に

関する科目（教育原理、発達心理学など）」「教育課程及び指導法に関する科目（主は各教科の教育法）」「生徒指導、教育相談及び進路指導に関する科目（生徒指導、教育相談など）」「教育実習」「教職実践演習」の６区分。

　「教科に関する科目」は、「国語（書写を含む）」「算数」「生活」「音楽」「図画工作」「体育」「社会」「理科」「家庭」の９科目。「教科又は教職に関する科目」の開講科目は、大学によって多様である。「教育職員免許法施行規則第66条の６に定める科目」は、「日本国憲法」「体育」「外国語コミュニケーション」「情報機器の操作」からなる。

　このように、ひととおり学ぶことになる。しかし、90分15コマの大学の授業では概論にならざるをえない。「教科に関する科目」の「国語（書写を含む）」を見ても、小学校１年から６年までの内容を、教職に就いて直ちに授業を担当できるレベルにまで学ぶことは不可能である。「教職に関する科目」の「教育課程及び指導法に関する科目」に「国語科教育法」があるが、教科「国語（書写を含む）」と同様に、小学校１年から６年までをたった90分15コマで学ぶことはできない。

　そこで、授業で重要な鍵を握る「教師の姿勢論」「教材論・題材論」「支援論」「学習指導案論」「授業研究（会）論」「授業記録論」「集団学習論」「学習評価論」等も科目化して集中して学べるようにすべきである。そうでなければ、総論・概論を超えて、教授学を具体的に学ぶことはできない。普通免許状に必要な授業科目の見直しが求められる。

3　学生に余裕がない

　アルバイトをしている学生は多い。サークル活動に熱心な学生もいる。勉強と両立している学生もいる。しかし、時間割に余裕がないとの指摘がある。時間割に余裕がないのは、できるだけ多くの免許・資格を取得することに起因している。教員採用試験で、複数の免許を所持する見込みのある学生を優遇している県もある。幼稚園・小学校・中学校・高等学校・特別支援学校などから、２〜３の教員免許を取得する学生が少なくない。

　筆者が勤務していた大学では、保育士資格・幼稚園と小学校教員免許のほかに、司書、司書教諭、レクレーション・インストラクターなどに関する科目を履修している学生もいた。

　免許・資格を多く取得できても、時間割に余裕がないと予習・復習があまりできない。取得する免許・資格を厳選して、学びを焦点化しなければならない。学びを焦点化すれば時間割に余裕がでるので、前述した「学習指導案」などに特化した科目を増やすことも可能になる。

4　学生に真剣な学びが形成されない

　大学は、専門的な学びを徹底的に追求する場なのに、残念ながら、現状は必ずしもそうではない。入学は少し難しくても、卒業の難しくない大学が圧倒的に多い。

　学習指導要領では、主体的な学びが強調されている。大学生なら、なおさらである。魅力のある講義によって、学生を学びに誘い、学生が自主的かつ積極的に学修するようにするのが大学教員の務めである。主体的な学びは、子どもに育まなければならない。しかし、何よりも育まなければならないのは、教師自身である。教師の死にものぐるいの学びなくして、子どもに学びは創造されない。子どもは、決して輝かない。子どもが輝く授業を創造していくことは、並たいていではない。大学在学中から、主体的かつ積極的に学ぶ習慣を身に付け、教職に就いてからさらに発展させていかなければならない。

　魅力のある授業を創造するためには、講義を支える大学教員の研究が深められ、FD活動も活発に行われなければならない。自発的に学びを深める学生はよいが、そうでない学生も多く存在する。そうでない学生が自発的な学びを推進できるかが、大学の授業全体の雰囲気にも大きな影響を与える。そのためには、一人一人の学生の学び状況の把握に努めなければならない。

（1）　少ない予習・復習

　文部科学省の大学設置基準に、1単位の授業時間が定められている。2単位では、90時間の学修が必要とされる。講義は90分で15回が一般的である。90分×15回は22.5時間なので、67.5時間も不足になる。67.5時間は授業を15回とすると、67.5÷15が4.5時間になる。1回あたり、4.5時間である。そこで、授業は90分でもよいが、毎回4時間程度の予習・復習を課すことによって90時間の学修を確保するとしている。シラバスにも、毎回4時間の予習・復習の記載を求められた。

　4年制大学の学生は4年次になると履修科目は少ないが、1年次〜3年次は履修科目が多い。2単位の授業科目の場合は、2科目でも8時間の予習・復習をしなければならないことになる。学生が学びを深めるために、履修の上限を低く設定している大学もあるが、それでも、2単位の科目ごとに毎回4時間の予習・復習を課すことは時間的に無理があり、不可能である。

　重要なことは、文部科学省が定める非現実的な毎回4時間の予習・復習ではなく、学生が主体的・自主的かつ積極的に学びを探究できる環境をつくっていくことではないだろうか。

　日本の学生は、1週間に0〜5時間学習しているのが約67%、11時間以上が約15%である。1日の予習復習は、文系で32.2分である。一方、アメリカの学生は1週間に0〜5時間学習しているのが約16%、11時間以上が約58%との調査結果がある。さらに、まったく本を読まない日本の学生が40.5〜50.3%いることや、本代の拠出の少なさ（1か月1,510円）も発表されている。

　この調査は、日本の大学生は勉強しなくても済む現状を表している。つまり、勉強しなくても単位が修得できて卒業できること、勉強しなくても学位が取れることを意味している。大学は義務教育と違って、自分が関心のある分野の学びを深めることが可能なのに、極めて残念な状況である。この状況の責任は、大学及び大学教員にある。

　学生時代の予習・復習の少なさ、つまり学生時代の勉強の少なさは教職に就いてからも継続される。教職に就いた途端に大変身するとは思えない。教職に就いてからも教材研究や研究・研修に積極的に取り組まない病根が、ここにある。

（2）習い性の怖さ

　人間には、学びに対する基本的な欲求がある。知を修得することに対する喜びがある。学生は、大きな期待を持って入学する。しかし、何度かの授業に出て教員を見極め、教員に合わせる学生もいる。学び（授業）に甘い教員か、厳しい教員かを見抜くのである。学生を学びの世界に誘うことができなければ、大学教員として失格である。

　5回まで欠席しても単位が修得できるとなれば、計算して5回欠席する学生もいる。遅刻しても支障がないと分かれば、遅刻が常態化する。欠席や遅刻しても困らない授業そのものが問題であるが、人間の性として、楽なほうを選択する習性がある。それが習い性となる。

5　曖昧な単位認定の基準

　単位認定の基準が具体化された「DP（ディプロマ・ポリシー、卒業認定・学位授与の方針）」も、看板で終わらないようにしなければならない。シラバスに記載されている評価の観点も抽象的なので、空文化しているといったら言い過ぎであろうか。学生の質を担保するためには、「DP」及び「シラバスに記載された評価の観点」の具体的な基準を明確にしなければならない。

　大学は、学びの質の担保に多くの課題を抱えている。教員免許に必要な単位を修得は、教員として必要な知識・技能を確実に身に付けている証でなければならない。

　どこの大学も卒業時の学びの質を担保するために、DPを掲げている。また、全ての授業科目にはシラバス（授業の概要、到達目標、15回の授業内容、予習・復習、使用教材、評価方法、オフィス・アワーなど）の作成が義務づけられている。DPやシラバスを見ると、卒業時の学びの質が一見担保されているように思われる。しかし、DP及びシラバスの到達目標と評価方法は具体化されていないので、形骸化している。ある程度出席していれば、よほどのことがないかぎり、単位を修得できる。

　単位認定（評定）は、授業担当者に委ねられている。よって、評価基準は多

様になり、極端に甘い教員も、極端に厳しい教員も混在する。甘い教員は学生から評価され、厳しい教員は人気がなくなる。学生の人気を気にする教員は、評価を甘くする傾向がある。評価が甘いと、学生が単位を修得できても、卒業までに必要な知識や技能が担保されないことになる。

　本来は、全ての履修学生が目標を達成し、満点が取れるように講義しなければならない。満点が取れない学生がいたら、自分の講義に問題がなかったのか検証しなければならない。

　日本の大学は一部の大学を除き、入学よりも卒業が容易なのが常識である。大学も経営上、卒業の認定基準を甘くしがちである。単位認定を厳しくして卒業のハードルを高くすると教員の指導力が問われるが、甘くして問われることはない。ハードルを低くすると学びの質が担保されないので、大学の社会的な評価が下がる。悪循環である。大学が、実効あるDP基準や授業の評価基準を真剣に議論しなければならない。

6　教育実習の課題

　教員免許を取得するためには、必ず「教育実習」の単位を修得しなければならない。小学校の場合は一般的に、事前・事後指導が1単位、4週間の教育実習が4単位、合計5単位である。実習先は、附属学校・出身校が多い。

　特に、国立行政法人大学には幼稚園・小学校・中学校の附属学校園があるので、協力学校園で実習することもあるが附属学校園で実習することが多い。

　文部科学省は附属学校の使命として、「①実験的・先導的な学校教育」「②教育実習の実施」「③大学・学部における教育に関する研究への協力」の三つ掲げている。言い換えると、「研究機関（大学）と連携しながら、質の高い学校教育を推進する」ことである。教育実習は、教員養成機関として附属学校中心に行うことは当然である。

　しかし、外部と連携しながら質の高い教育を探究しなけらばならないのは全ての学校に求められるので、附属学校固有のことではない。教育実習は、学生から依頼があれば附属学校以外でも受け入れている。

（1）　附属学校のイメージ

　普通の学校に比べると、附属学校は熱心に研究しているイメージがある。普通の学校でも公開研究発表会を積極的に開催しなければならないが、ごく一部の学校に留まっている。そもそも、附属学校の公開研究発表会は義務ではないので、必ずしも開催しなくてもよい。しかし、公開研究発表会を毎年もしくは隔年で開催している附属学校が多い。

　公開研究発表会は、普通学校ではめったに開催しないが、附属学校は定期的に開催している。この定期的な公開研究発表会の開催が、附属学校が「研究している」イメージを形成している。

　全国の附属学校の公開研究発表会に少なからず参加してきたが、附属学校の研究には課題が山積している。附属学校が真に研究しているかには、大きな疑問を持っている。詳細は 136-162 頁で述べる。

（2）　教育実習生にとっての附属学校

　学生は大学の授業で、現場で展開されている学校の授業の長所・課題を見極める力量を深く学んでいるとはいえない。そのような学生が附属学校に実習に行くと、附属学校は熱心に研究しているというイメージとも相まって、附属学校の教育（授業・授業研究・仕事に対する姿勢など）を全面的に肯定し、手本にしがちである。教職の経験を積めば簡単なことでも、指導教官の授業や考え方に感心する。

　教育実習生の指導は、実習校で学生を指導する教員に確固たる研究実績がなければならない。しかし、公開研究発表会に合わせて発行される研究紀要を見ると、「研究計画に多くの頁が割かれても、肝腎の実践と評価が弱い」「引用文献・参考文献が貧弱である」「授業研究会が数回のみである」など、課題のある附属学校が多い。

　教育実習校での経験は、学生が教職に就いてからの教員生活に大きな影響を与える。そのため、実習校の教員は「教材・題材研究」「子どもとの応答・支援」「学習指導案・資料作成」「授業研究会」などの授業や学校教育に関わるさまざまな事柄に関して、具体的で質の高い指導ができなければならない。

現状の附属学校の研究、研究に基づく教育実習の指導には強い危機感を持っている。教育実習で学生を指導することに恥じない指導力、指導力を裏付ける確固たる研究業績が指導担当教員に求められる。

附属学校に限らず、教育実習は学生にとって、授業の奥深さを知るとともに学びを創造することの喜びと厳しさを体感する場でなければならない。同時に、豊かな学びを創造するためには教師の資質を高めていくこと、そのためには授業研究が極めて重要であることを体験的に学ばなければならない。

7　形骸化している免許状更新講習

平成21年4月から、「最新の知識技能の修得を図る」ことを目的に、10年ごとの免許状更新講習が義務化されている。更新講習は各大学等で実施され、「教育の最新事情に関する事項（12時間）」「教科指導、生徒指導その他教育内容の充実に関する事項（18時間）」を受講しなければならない。

教育基本法第9条（注）を見るまでもなく、教員は資質の向上のために、研究・研修に積極的に取り組まなければならない。しかし、教員養成系大学教員の資質に照らすと、講師として「最新の知識・技能」をじゅうぶん修得させるだけの知があるとは思えない。事実、多くの受講者から、更新講習の内容に疑問が投げかけられている。内容が希薄なのである。受講者の本音は、義務だからしかたがないのである。

仮に、講師が最新の知を豊富に有しているとしても、10年ごとの講習でよいはずがない。それよりも、日々の研究・研修の充実を図ることのほうがはるかに重要である。

各学校が学校運営の中心に、授業研究を据える。各学校が外部の専門家と連携しながら、授業研究会・研修会を日常化する。教育委員会が学校課題に対応した研修会を積極的に開催する。学校教員が研究するための時間や研究費を保証する。これらを通して、全ての教員が主体的・自主的な研究・研修を積極的に推進できる体制を構築することのほうがはるかに重要である。

注）　教育基本法第9条

（教員）

第9条　法律に定める教員は、自己の崇高な使命を深く自覚し、絶えず研究と修養に励み、その職責遂行に努めなければならない。

2　全校の教員については、その使命と職責の重要性にかんがみ、その身分は尊重され、待遇の適性が期せられるとともに、養成と研修の充実が図られなければならない。

第5章

学習指導案の在り方

1 そもそも学習指導案とは

学習指導案は、授業プランであり、授業の設計図であり、学びの構想である。学習指導案と実際の授業は、密接に関連している。実際の授業で学びが創造されるかは、学習指導案の内容がその鍵を握っている。学習指導案を見ただけで、授業者の授業力、実際の授業、子どもの学びの状況が推測できる。授業力の高い教師や、授業が分かる研究者が見ると、学習指導案は一瞬にして見抜かれる。

名称が「学習指導案」なので、「学習を指導する」という教師サイドで書かれる。おのずと、教師がその題材（単元）で、何をどのように指導するかに力点が置かれる。しかし、学びは教師と子どもの共同で創造するものなので、子どもの視点が欠かせない。つまり、「教師が何をどう指導するか」だけではなく、「子どもが何をどう学ぶか」の両方の視点がなければならない。

学習指導案の内容は、校種や教科・領域などによる差異はあるが、「題材（単元）名」「題材（単元）設定理由」「題材（単元）の目標」「子どもの実態・目標・手だて」「指導計画」「本時の学習（主題名・全体及び個人目標）」「学習過程又は展開（環境構成・活動内容・予想される子どもの活動・支援［指導上の留意点］等）」「資料」「教具」「評価」などである。参観者は、これらの情報から、本時の授業をイメージする。

学習指導案には細案と略案があり、公開研究発表会・校内授業研究会・指

導主事の学校訪問時などの授業公開の際に書かれる。学習指導案を書くことによって、授業プランが明確になり、書かないときには気づかなかったことに気づくこともある。教師の頭の中にある授業構想を具体化することによって、過不足も見えてくる。具体化したものを見直して、何度も書き直すことによってようやく完成する。本来は授業公開の有無にかかわらず、全ての授業で書かれるべきものである。

　また、教育実習生やゼミ生が書いた学習指導案は指導教員によって厳しくチェックされるが、教員が書いた学習指導案は学校で決めた形式と留意点さえ押さえていれば通用する。同僚から徹底的にチェックされたり、差し戻されることはない。学校で書かれる学習指導案は、授業者の責任で書かれる。厳しく審査されることがないので、どのような指導案でも認められる。

　授業参観者に対して、事前に学習指導案によるオリエンテーションを実施している学校もある。授業後に行われる授業研究会は学習指導案の検討会ではないので、学習指導案をメインに話し合われることはない。

　そこで、学習指導案の項目や記入上の留意点を超えて、学習指導案の在り方を徹底的に話し合うための授業研究会、外部講師を招聘した研修が必要である。

2　学習指導案の作成には準備が要る

　学習指導案は、いきなり清書できるものではない。事前の準備がしっかりできていなければ、書くことはできない。

（1）　教材研究を徹底する

　授業とは、子どもの学びを創ることである。子どもの学びは、教材（題材）を通して行われる。学習内容である。子どもの学びを創ることができる教材を、徹底的に考えなければならない。いくら支援に工夫をしても、学びの材料である教材に難があれば子どもの学びは頓挫する。

　伊藤功一は[30]、教材研究を「第一次教材研究」と「第二次教材研究」に分

けている。「第一次教材研究」は授業に直接関係なく、あらゆる角度から教材を徹底的にかみ砕いて洗い出す作業とされる。粘土の場合は、まず、作品づくりに直接関わる、土作り・成形法・技法・用具・焼成法などを理解しなければならない。さらに、発達段階における粘土表現の特質と学習課題、粘土や焼き物の歴史、生活との関わり、用途なども理解する必要がある。そのうえで、これらから学びになるつなげられるものを徹底的に洗い出さなければならない。

　粘土指導の経験がないとか、浅いとかは教師の都合であり、子どもにはいっさい関係ない。教材研究は、教師にとっての勉強である。教師に知識がなければ、必死になって勉強すればよいだけである。文献で調べる、現場を訪ねる、自分でやってみるなどが欠かせない。米作りを学ぶために、1年間農家に通った教師がいる。地域で収穫された大根が、加工のために運ばれた県外の漬け物工場にまでわざわざ調査に出かけた教師もいる。

　「第二次教材研究」は「第一次教材研究」の解釈を受けて、授業対象の子どもを念頭に不必要なものを切り捨て、授業を組織するための核を明らかにして授業構想をするための教材研究である。教師は、調べたもの、自分の知識の全てを授業で使いたがる傾向がある。授業の核にならないものを、いかに大胆に捨てられるかが鍵を握る。

　さらに、湯浅恭正は[31]、子どもの側の教材解釈を授業者がどのよう判断して対応するかという子どもの側からの教材研究としての「第三次授業研究」を提起している。教材研究はもっぱら教師側からなされるが、授業が教師と子どもの共同で行われる以上、子どもの側からの教材研究がもっと重視されなければならない。

　教材研究に、ゴールや完成形はない。教材に精通している教師など、いるはずがない。教材研究を大してしなくても、授業者の半端かつ断片的な知識でも授業ができる悲しい状況はあるが、いかに授業研究を深めるかが問われている。

　教材研究で重要なことは、借り物でないことである。ハウ・ツー本などからの安易なまねでは、学びが組織できない。教材が授業者自身のものになり、授業者が実感できるものになっていなければならない。教材研究が深まっていく

と、授業で教えたいこと、つまり子どもに学ばせたいことがようやく教材から浮かび上がってくる。

　題材（単元）ごとに教材研究をする際は、「第 2 章　子どもの生命が輝く『題材』の在り方（68-81 頁）」がベースになければならない。無論、絶えず上書きしていかなければならない。

　教材研究が、子どもの学びを創造する決定的な鍵を握っていることを強調しても強調しすぎることはない。

（2）　子どもの学びを徹底的に構想する

　子どもの学びを構想するためには、前項の「教材研究を徹底する」が前提条件になる。そのうえで、子どもの学びを徹底的に構想しなければならない。

　学習指導案の展開には活動内容が並べられ、スムーズに活動が進むための支援や留意点が書かれる。だが、学習活動がスムーズに進むことと、子どもの学びが深く展開されることは別問題である。

　支援の具体的な引き出しが授業者にたくさんなければ、具体的な学習場面に応じて、子どもの学びを創ることができない。その引き出しを基に、子どもの具体的な学びを構想しなければならない。ただし、引き出しをたくさん持っていても、授業で生かすことは簡単ではない。ここに、子どもの学びを構想する難しさがある。

　学びは教師に指示されて何かをやることではないので、学習指導案は教師が子どもに教えることを構想するものではない。教師や仲間も関わりながら、子どもが一人では到達することができない発達の最近接領域に自ら到達できるように構想することである。このための構想を厳しく吟味しなければならない。「活動＝学び」とはかぎらないので、構想では学びに本質的なものと、そうでないものが区別できなければならない。

　授業は、教師の授業力に左右される。授業力とは、子どもの深い学びを構想し、組織する力である。子どもが深い学びに分け入っているときは、眼を輝かせ、心を躍らせ、自然と集中している。授業は子どもにとって、巻き戻しができない、かけがえのない時間であることを自覚しながら、子どもの学びを構想

しなければならない。

（3）　図式化してから書く

　ある学習指導案を分析したところ、「学習過程」の欄には「活動内容」と活動内容に対応した「支援」が書かれていたので、「活動内容」と「支援」は繋がっていたが、「設定した目標に対応した活動内容のないものがある」「目標を受けた個々の活動内容・支援に関わる具体的な評価が書かれていない」「題材設定理由と目標・活動内容・評価の繋がらないものがある」などが判明した。とても丁寧に書かれている学習指導案でも、図式化してみると「 題材設定理由」「目標」「活動内容・支援」「評価」が繋がらないのである。

　一貫しない理由は、おそらく想定した活動内容を基に、「題材設定理由」「目標」「活動内容」「支援」「評価」それぞれを書くことに集中したからと思われる。

　そこで、学習指導案を書く前に大きな紙に図式化することを勧める。関連するものを、縦に並べたり、横に置いたり、線で繋いでみたりする。設定しようとしているそれぞれの目標が題材設定理由の何と繋がるのか。それぞれの目標とどの活動内容が繋がるのか。そして、それぞれの活動内容に対応した具体的な支援を考えて繋ないでみる。さらに、それぞれの活動内容を評価する具体的な観点を考えて繋いでみる。

　図式化することよって、「どのような活動を通して、どのような目標を達成しようとしているか」「それぞれの活動に対して、そのような具体的な支援をしようとしているのか」「それぞれの活動をどのような具体的な観点で評価しようとしているのか」などが見えてくる。同時に、過不足も分かる。「目標に対応した活動内容がない」などは、起こりようがない。

　学習指導案の項目に沿って書いたり、個々の項目内で書くと、授業の全体像を見失う恐れがある。学習指導案を書くときは、授業のポイントを図式化してから、肉付けしていく必要がある。

　図式化は、建築に例えれば全景であり、基礎・構造・間取りである。快適な生活ができるように、建築士はさまざまな視点から総合的に設計する。いきな

り、外壁や壁紙をどうするかは考えない。建物の全景のスケッチからはじまり、次に間取りや構造を考える。そして、給排水・電気などの設備を考え、最後に外装や内装を考える。学習指導案の項目に沿って書いたり、個々の項目内で書くのは、授業の全体像を見失い、外壁や壁紙から設計するようなものである。

3　現状の学習指導案の問題点

（1）教師の視点に偏っている

　そもそも授業における教師の役割は、司会者ではない。司会者なら、教師が考えた台本どおりに進めればよい。しかし、授業は台本にない子どもの内面を洞察しながら、教師と子どもが共同で台本にないドラマを創る営みである。

　学習指導案を子どもになぞらせるだけなら、AI が進歩すれば、近い将来 AI ロボットが教師にとって代わるかもしれない。授業力のない教師よりも、優秀な AI ロボットのほうが授業力がある時代が来ないとはかぎらない。残念なことだが、教師が危機感を持つためにはそれくらいの刺激が必要かもしれない。学習指導案どおりに子どもになぞらせる授業は、教師優先の授業であり、子どもの気持ちや反応、つまり子どもの生命を無視することになる。子どもの学びを創るためには、教師の視点に偏らず、子どもの視点を重視しなければならない。つまり、教師が一方的に教えるのではなく、予想される子どもの活動を吟味しながら支援して、子どもと対話しながら、子どもの確かな学びを創造するという子どもの視点が明確でなければならない。

　そして、授業者には何よりも、授業の中の子どもの事実をしっかり捉える力量がなければならない。発言・表情・作品などは確かめやすい。一方、発言・表情・作品などの背後に隠れている子どもの心情を観得することは容易でない。授業者が子どもの心情に心を開いているか、子どもの心情を感じようとしているかが問われる。子どもの心情を見ない教師、子どもの心情が見えない教師、子どもの心情を見ようともしない教師は決して少なくない。「教師の視点に偏ることはよくない」「子どもの視点が重要である」ことを頭では理解できても、子どもの心情に配慮した学習指導案を作成したり、授業で展開すること

は簡単ではない。

　学習指導案は名称が「学習指導」なので、「どのように学習を指導するか」という教師の視点で書かれる。教師がどのような考えで題材を用意し、どのような考えで指導するかはとても重要である。授業は教師が主導するので、教師の視点で書くのは当然である。

　しかし、大半の学習指導案は、教師の視点に偏重している。授業の主人公は子どもである。教師の独りよがりでは授業ができない。現状の学習指導案の大半は、子どもの視点に大きな課題がある。授業の主人公である子どもの学びに想像力を働かせて、子どもの視点を取り込まなければならない。そして、子ども主語と教師主語が一体となった学習指導案でなければならない。

　一般的な名称である「学習指導案」は、「学習」と「指導」の用語に難がある。「学習」の「習」は、「習う」意味である。授業者が用意した活動内容を、授業者が考えたように指示して習わせることは簡単である。「習得」は、授業者が考えた知識・技能を子どもに教えて習わせるという従来の教育観である。「習得」は学びではなく、習い事であり、知識・技能の「習得」にすぎない。

　学びは、「習う」ものではない。学びは、主体的に身に付けて修めて「修得」するものである。大学での学びに使われている「学修」は、大学生にだけ当てはまるものではない。学びの本質を考えると、「学習」よりも「学修」が望ましい。

　「学習指導」だと「教師が指導して習わせて学ばせる」意味になるので、「子どもが主体的に学ぶ」ことが見えてこない。よって、「学習指導」の名称が適切だとは思わない。

　授業は、教師が教えたいことを子どもが学びたいことに転化することである。教師が教えたり、指導したりすることは必要である。しかし、それは一方的に教えたり、指導するのではない。あくまでも、子どもの主体的な学びを促進する方法で行われなくてはならない。

　以上から、「○○科学習指導案」の「学習指導」の名称は再考を要する。例えば、「○○科授業案」と「授業」ではどうだろうか。

（2）　書きすぎる

　いくら要約的に書くにしても、その授業に関することを網羅するとボリュームが増える。頁数の制限をしている学校は少ないので、書きたいことを書いていると、頁は簡単に増える。

　学習指導案は学校で決めた項目に沿って書くことになるが、教科・領域や授業者の考えによって項目や頁数などは弾力的でよい。

　しかし、普通学校に比べると、特別支援学校の学習指導案はボリュームが多い傾向にある。学習指導案に書くべきものと別に資料として用意するものを考えたり、簡潔で分かりやすく書く工夫をしなければならない。さらに、できるだけ詳細に書くべき内容と簡単でよい内容を考えたり、頁数の制限を設けるなどの対策も必要である。

　授業者が、その授業に関することをあらゆる角度から自由に書くことはあってもよい。しかし、学習指導案を書くのは授業者のためでもあるが、授業参観者のためでもある。授業参観者に対する分かりやすさへの配慮も必要である。

①　学習指導案に書くべきものと、別に用意するものがある

　細案の学習指導案には、ボリュームの多いものが多い。ボリュームが多いと、それだけで立派な学習指導案の印象を与えるのは否めない。「題材設定理由」だけでも1頁くらい費やし、全体で5頁くらいは普通である。「題材設定理由」に、後付け感があるものも少なくない。

　一方、メインであるべき「当日の学習過程（展開）」が粗く、1頁程度に留まっているものが多い。詳細な「学習過程（展開）」は、子どもの学びを創造するための具体的な構想がしっかりできていないと書けない。子どもの学びを詳細にイメージした、詳細な「学習過程（展開）」は極めて少ない。他人が書いた学習指導案をまねしても、詳細に書くことはできない。授業者自身が子どもの学びを詳細にイメージして、まったく新しい、よそにはない学習指導案を目指して書き上げるしかない。

　そもそも、題材（単元）及び当日の1コマの授業の全てを書くことに無理がある。授業参観に当たっては、子どもの学びに関わる教材観・指導観、子どもの実態などの情報は必要である。授業参観に必要な情報を全て学習指導案に載

せると、頁が増えるのは必然である。それでも、学習指導案は膨大にならない
ようしなければならないので、あまり詳しくは書けない。しかし、内容によっ
ては詳細な情報が必要なものもある。

　そこで、欲張って学習指導案に全てを載せるのではなく、学習指導案に載せ
るものと別に用意するものに分けるとともに、それぞれの載せ方を吟味しなけ
ればならない。

　例えば、題材（単元）設定理由の教材観は「教材解釈の詳細」と「表8　題
材の条件（70頁）」のようなものを別紙で用意する。指導観を支える教師の姿
勢は極めて重要なので、「表6　保育者に求められる姿勢（54頁）」のようなも
のを別紙で用意する。また、指導観に直結する具体的な支援も、「表9　支援
の構造（83頁）のようなものを別紙で用意する。そのうえで学習指導案では、
学びの構想が明確になるように、題材（単元）固有のものや強調したいもの
に留める。「学習過程（展開）」の「支援（指導上の留意点）」に関連して、「表
10『段階的支援』の具体例（86-87頁）」のようなものも別紙で用意する。こ
うするだけで、学習指導案がすっきりする。その分、「学習過程（展開）」メイ
ンの学習指導案にする。

（3）　議論したいことが分かりにくい

　学習指導案による授業は、提案授業である。提案授業であるからには、授業
で何を提案したいのかが明確でなければならない。提案授業は、その授業を自
慢するためではない。授業者が悩んでいることを参観してもらい、議論するた
めである。

　よって、授業者が授業研究会で議論したいこと、特に参観してほしいこと
を丁寧に書くとともに、それを分かりやすくしなければならない。内容によっ
ては、授業研究会用の資料の準備も必要である。無論、授業者が議論したいと
考えていたこととは別のことが授業研究会でクローズ・アップされるかもしれ
ない。それはそれでよい。

　要するに、提案授業として総論的に提案するのではなく、提案授業で授業者
が重視していることが分かるような学習指導案でなければならない。学習指導

案は、授業者が自己満足のために書くのではない。参観者にとって、授業者が
どのようにして子どもの学びを創るのかが分かりやすく書かれている学習指導
案でなければならない。そして、限られた時間で行われる授業研究会は、子ど
もの学びに焦点を当てた議論を深めなければならない。

　公開研究発表会に参加すると、当日に学習指導案の綴が配布されることが多
い。概して、頁数の多い学習指導案を短時間で理解するのは難しい。参観者に
とっては、ポイントが焦点化された、分かりやすい学習指導案が望まれる。文
字オンリーではなく、図式化などもしながら分かりやすくしなければならな
い。分かりやすい学習指導案の書き方も、立派な研究である。

　論文の冒頭に「要旨（アブストラクト）」があるように、学習指導案の細案
とは別に1枚の要約版があるとよい。要約版に、「題材（単元）」の特徴」「学
びの構想」「議論したいこと」などを簡潔に書いたらどうだろうか。

　今はインターネットの時代。公開研究発表会の参加予定者には、ホームペー
ジなどで学習指導案を事前に見ることができるようにすべきである。

　このように、議論を深めるための工夫はいろいろ考えられる。

（4）「目標」そのものに難がある

　学習指導案には、「題材（単元）」「本時」「個人」などの目標が書かれる。ど
のようなねらいにするかは、相当吟味しなければならない。簡単に決められる
ものではない。

①　「目標」が大きすぎる

　教科などにもよるが、「一つの題材（単元）」「1コマ（本時）」の授業しにて
は「目標」が抽象的かつ大きすぎるものが散見される。「教科全体の目標」「一
つの題材（単元）の目標」「1コマの授業の目標」は、明確に区別しなければ
ならない。そのうえで、「題材（単元）全体」及び「1コマ（本時）」固有の、
具体的で焦点化された目標を設定しなければならない。そのためには、教材研
究の深化と授業における学びの構想ができていなければならない。

　目標は達成すべきものである。目標が達成できたか、できなかったは具体的
な観点に基づいて、授業後に評価しなければならない。目標が大きすぎると達

成が困難になり、単なる看板になるのは必然である。目標が大きすぎると、目標を達成するために子どもに無理強いすることにもなる。目標が単なる看板にならないためには、何とか努力すれば達成可能な、具体的な目標でなければならない。目標を達成するための授業構想がしっかりできていれば、目標もおのずと具体的になり、決して抽象的かつ大きすぎる目標にはならない。

②　「目標」が多すぎる

　目標は、書こうと思えばいくつでも書くことができる。しかし、欲張るのはよくない。力点を置いているものを、1つか2つくらいに絞るべきである。

　実際の学習指導案を見ても、「題材（単元）全体」及び「1コマ（本時）」の目標が1つもしくは2つのものが多い。しかし、詳細に見ると、1行の中に複数の内容があるものが少なくない。1つもしくは2つに見えるが、内容で分けると、目標の数が倍くらいになるものが多い。

　例えば、中学部保健体育の題材「風船バレーボールをしよう」の全体目標に、「①風船の動きをよく見て移動したり、友達の名前を呼んでパスしたり、アタックしたりすることができる」「②ルールを理解して、チームで協力して試合に取り組むことができる」の2つが掲げられている学習指導案がある[32]。

　この目標は2つに思われるが、「①風船の動きをよく見て移動する」「②友達の名前を呼んでパスやアタックする」「③ルールを理解する」「④チームで協力する」と4つの内容がある。題材設定理由では、この4つの内容に難があることが書かれている。

　目標は接続助詞の使用を止め、短いセンテンスで、1〜2の内容を簡潔に書くべきである。

③　「目標」の内容は吟味を要する

ア　子どものネガティブな実態を反映している

　目標は、「教師が望む姿」や「結果的に何かができる」にすることが多い。しかし、それでよいのだろうか。このような目標だと、教師が望む姿に子どもを引き上げることになる。ここには、現在の子どもの姿が否定され、教師が考える姿がよいとする考えがある。また、過程よりも結果を優先する考えがある。

目標は、子どもの実態から導かれることが多い。問題は、子どもの実態の捉え方である。子どもの実態をポジティブに捉えているものもあるが、「○○ができない」「○○が分からない」「○○に課題がある」「○○に難がある」「○○が難しい」「○○に苦戦している」「○○が身に付いていない」「○○がじゅうぶんでない」「○○を理解していない」「○○が弱い」「○○に至っていない」「○○が少ない」「○○の認識が低い」「○○を具体的に答えられない」「○○に困惑する」「○○に苦戦する」「○○の経験が少ない、○○の経験が不足している」「○○が未習得である」「○○の方法がじゅぶん身に付いていない」「○○の見通しが持てない」「○○のイメージができていない」「○○が見られない」などと、ネガティブに捉えているのもが多い。

教師から見ると、子どもは教師よりも「理解していないこと」「できないこと」「難しいこと」が多いにちがいない。教師よりも知識に乏しかったり、態度面でも課題があるのは当然である。教師の基準で分析すれば、子どものネガティブなことはいくらでも並べることができる。

目標は、ネガティブなことを改善するために設定されることが多い。しかし、それでよいのだろうか。それよりも、なぜ「できること」「できそうなこと」「得意なこと」「興味を持っていること」などの子どものよいところに、着目しないのだろうか。なぜ、子どもを丸ごと受け入れないのだろうか。なぜ、分析的に捉えなければならないのだろうか。

イ　「知識・技能の習得」に偏重している

学習指導案の目標は、題材（単元）に直接関わる認知能力である「知識・技能の習得」が多い。

しかし、「知識・技能の修得（本来は習得ではなく、修得でなければならない）」は大切だが、人格形成に関わる非認知能力の育成こそ重視しなければならない。非認知能力は、主体性・意欲［目標への情熱・努力］・好奇心・自信・楽観性・自尊心・自己肯定感・忍耐力・自己抑制・情緒の安定・集中力・持続力・表現力・コミュニケーション力・想像力・創造力・社会性［ルール遵守・相手に対する敬意・思いやり・寛容性・チームワーク・協調性］・丁寧さ・まじめさ・誠実性・責任感・畏敬心・感受性・観得力などである[33]。

　非認知能力は、主体的な学びに直結している。非認知能力に関わる目標は、例えば「意欲的に取り組む」「自信を持って取り組む」「仲間とのやり取りを楽しむ」「仲間と力を合わせて取り組む」など、さまざま考えられる。

　よって、目標は題材（単元）に直接関わる認知能力に留まらず、非認知能力も絡ませたものでなければならない。

ウ　教師の都合が優先している

　120頁で題材「風船バレーボールをしよう」の目標に、「①風船の動きをよく見て移動する」「②友達の名前を呼んでパスやアタックする」「③ルールを理解する」「④チームで協力する」と４つの内容があることを明らかにした。「実際（学習過程・展開）」を見ると、練習してから試合をすることになっている。試合をするなら、試合を楽しむことも重要である。また、試合には勝ち負けがある。勝ってうれしい気持ち、負けて悔しい気持ちにも着目しなければならない。負けた悔しさを、次の試合へのエネルギーとすることも必要である。①〜④の「状況判断・技術・ルール・協力など」は、その過程で身に付けていくものである。同じ題材でも、学習指導案のような目標も設定できるが、「試合を楽しむ」「勝敗の気持ちを考える」などに焦点を当てた目標も考えられる。

　このことは同じ題材でも、教師によって「目標」が変わりうることを意味する。目標が変われば、学習過程（展開・実際）も変わる。つまり、授業者によって子どもの学びに差異が出ることを意味する。子どもは、教師を選ぶことができない。誰が授業者であっても子どもに確かな学びを保証するために、質の高い授業を日常化し、教師の授業力を磨き続けるしかない。

　また、目標の「ルールの理解」に関して、学習指導案には簡単なルールとして「全員が触れてから相手コートに返球する」旨が書かれている。スポーツには、それぞれルールがある。教師は実際のルールに添って教えたい衝動に駆られるかもしれないが、特別支援学校の場合は実際のルールをそのまま適用することはできない。スポーツを楽しむことを大切にして、ルールは弾力的に考えなければならない。でなければ、教師が考えているルールを守らせようとするあまり、注意・指図・説明・中断が多くなるリスクがある。

　「全員が触れてから相手コートに返球する」ことが、バレーボールのルール

としてふさわしいのだろうか。それよりも、「床にボールが落ちたらだめ」「同じ人が何回触ってもよい（ダブル・コンタクト可）」「何回で返球してもよい（3回超過可）」なども検討する必要があるのではないだろうか。

　ルールの設定は、子どもの学びを大きく左右する。設定したルールの理由・根拠を学習指導案に書くべきである。さらに、ルールを教える方法は、実際にやってみせることが効果的である。教師や教育実習生・ボランティアなどでチームをつくり、良い例と悪い例を演じてみせるものよい。

　子どもの事情に添うと、教師に先導されて教師が決めた目標に早くたどり着くことが重要なのではない。現在の子どもの姿が尊重され、子どもが主体的に学びを育んでいくことが重視されなければならない。

　教師が決める目標には正しいことが書かれるので、正論である。しかし、正論だからといって子どもに押し付けることはできない。子どもには、子どもの事情がある。子どもの事情に添った目標でなければならない。子どもの事情に添った目標をとりあえず「目標」とするが、はたして「目標」と呼んでよいかは、検討しなければならない。

　目標には、結果として「○○ができる」「○○を理解する」「○○が分かる」などが書かれることが多い。しかし、学びは結果ではなく、過程にある。結果的に上手くいかなければ、学びが成立しないことはありえない。よって、教師が期待する結果を目標とするのは無理がある。目標は結果だけでなく、過程が反映されたものでなければならない。

　とって付けたような、後付けのような目標なら要らない。実際の授業では、授業者が「どのような目標で活動させるか」をさほど意識しないのではないだろうか。

　学びが深まった子どもの姿を意識して、その状態を目標とするならよいかもしれない。本来、目標はそのような学びの本質を表す言葉でなければならない。目標は学びに直結する、奥深く、悩ましい問題である。「目標を定めることの是非」「目標を定める場合の内容」を真剣に考えなければならない。

④　「目標」の語尾の考え方

　目標の語尾が、問題になることがある。主な語尾には、「①○○を理解させ

る」「②○○を理解する」「③○○を理解することができる」の３つくらいのパターンがある。

　教師の立場では「①○○を理解させる」に、子どもの立場では「②○○を理解する」「③○○を理解することができる」になる。「①○○を理解させる」は教師の立場なのでふさわしくないと問題視する人もいるが、３つは「○○の理解」で本質的に同じである。

　目標は、語尾の問題ではない。目標は「知識・技能の修得」に留まらず、人格の形成を目指した、子どもの学びの創造に関わる内容でなければならない。

（5）「目標」を達成するための具体的手だてが書かれていない

　そもそも学校には、学校目標・学部目標・学年目標・学級目標などが掲げられるが、これらの目標を達成するための具体的手だてをあまり見たことがない。目標をどのような具体的手だてで達成しようとしているのかが分からないのである。方法論がないので、最初から目標を達成する気がないのではと勘ぐりたくなる。

　学習指導案にも、「題材（単元）の目標」「本時の全体目標」「本時の個人目標」が書かれる。「評価」項目の中に、「題材（単元）の目標」以外の「本時の全体目標」や「本時の個人目標」を評価するための具体的な評価の観点が書かれているものもある。評価の観点を具体化することは重要かつ必要なことである。

　しかし、このような学習指導案でも、「題材（単元）の目標」「本時の全体目標」「本時の個人目標」を達成するための具体的手だては書かれていないことが多い。

　目標を掲げるならば、どのような方法で目標を達成するのかに関わる具体的手だてが明らかになっていなければならない。「題材（単元）の目標」「本時の全体目標」「本時の個人目標」のいずれにもである。目標を掲げるのは簡単である。しかし、子どもの学びを創造するための姿が教師に具体的にイメージできていなければ、具体的手だてを書くことはできない。

　そうは言っても、「題材（単元）の目標」や「本時の全体目標」が子どもの

学びの創造に必要不可欠なものかは再考する必要がある。それまでにない高み
に子ども自ら登って、発達の最近接領域に自らたどり着くために、子どもがど
のように取り組むべきなのか、教師や仲間はどのように関わるべきなのかこそ
具体的手だての核心である。教師の都合と子どもの事情を考慮した、「目標」
と「具体的手だて」の在り方が問われている。

（6）　集団の視点が弱い

　学習指導案には、必ず個人目標が書かれる。個人目標を達成するための、
「具体的手だて」まできちんと書かれている学習指導案もある。

　授業は集団で行われるのに、集団の視点に焦点を当てている学習指導案はほ
とんどない。個人だけでは、学びを創造することができない。教師及び仲間と
の関わりがなければ、発達の最近接領域に到達することはできない。

　「教師の支援が学びのきっかけになる」「友達がやっているように自分もやり
たい」「一人ではやる気が起きなくても、友達ががんばっているから私もがん
ばろう」「友達から認められたい」「友達から励まされる」「友達から助けても
らえる」「お互いに高め合える」など、学びにおける教師や仲間の存在は大き
い。

　集団には、次の5つの効果が期待できる[34]。

①　見物効果〜行動を他者に見られるときの効果

②　共動作効果〜他者といっしょに学習している場合の効果

③　観察学習〜他者の学習を観察することによって得られる効果

④　ピグマリオン効果〜教師が子どもに対して抱く期待効果

⑤　承認効果〜他者から認められる効果

　人間は、集団の中で学び、育つことを忘れてはならない。ただし、ただ、教
師や集団の中で学習すればよいのではない。それぞれの場面で教師がどのよう
に関わるか、仲間との関わりをどのように持たせていくかなどがきちんと構想
できていなければならない。

　学びは集団の中で、「教師と子ども」「子どもと子ども」が本音でぶつかりあ
うことができる良好で信頼できる関係の下で行われなければならない。学びに

は、集団としてどのようにダイナミックに学びを創造していくかの視点が欠かせない。学習指導案で集団に対する視点が大きく欠落しているのは、再考を要する。

（7） 評価に難がある

① 「目標」に対する評価に偏っている

　学習指導案の評価欄を見ると、「目標」の評価に限定されているものが大半である。目標に対する評価は、結果としての評価（到達度評価）になり、過程の評価（形成的評価）になりにくい宿命がある。しかも、学習指導案に書かれている目標は、「○○が分かる」「○○ができる」といった認知能力である「知識・技能」に関わるものが多い。「知識・技能」に関わる概念化された目標は、言語化・数値化・可視化・客観化による評価が可能なので、評価は難しくない。一方、非認知能力に関わる目標は言語化・数値化・可視化・客観化が難しいので、簡単には評価することはできない。子どもの内面である心情に着目しなければ、評価することができない。文部科学省も、「主体的な学び」に関連して、非認知能力に関わる「関心・意欲・態度等」を評価する必要があるとしている。

　いずれにしても、教師は概念化された基準で評価しがちである。大事なことは、教師が決めた概念で評価するのではなく、ありのままの現実をいかに評価できるかにかかっている。

　認知面であれ、非認知面であれ、子どもに寄り添いながら、子どもの学びを丁寧に見ていかなければならない。外から見えにくい子どもの内面をどれだけ洞察できるかにかかってくる。ただし、子どもの内面は把捉しきれるものではない。どんなに尽くしても、一面しか把捉できない宿命があることを自覚しなければならない。教師自身の評価を絶対視してはならない。

　目標を設定したならば、目標を達成するための具体的手だてを考え、目標が達成できたかを評価するのは当然のことである。しかし、評価は目標のみならず、授業及び子どもの学び全体に必要である。

　吉田茂孝は、吉本均が提唱した「指導的評価活動」を、「①『結果』ではな

く、『過程』に重点を置いた評価活動」「②『もう一人の自分』への肯定的評価活動」「③『目に見える（できる）』ことへ向けてばかりではなく、目に見えない（わかる）』ことを意識した評価活動」としている。そして、「教師は子どもの『ねうち』を発見し、一人ひとりの子どもに共感しながら、肯定的評価を子どもの気持ちに寄り添いながら行うことが重要である」[35]としている。

　この評価は、「目標」のみならず、「題材（活動内容）」や「支援（指導）方法」などに対しても行わなければならない。さらに、子どもの学びを根底から支えている教師の思考方法・価値観・人間観・世界観・子ども観・教育観に関わる「教師の姿勢（52-63頁）」こそ、きちんと評価しなければならない。でなければ、狭義の「題材論」や「支援論」「ハウ・ツー論」に陥る。

　なお、全ての評価には、教師側の視点だけではなく、子どもの視点が欠かせないのは言うまでもない。

②　評価が抽象的である

　学習指導案には、「評価」の項目がないものすらある。評価があっても、目標が「○○ができる」に対して評価が「○○ができたか」のように、語尾の違いが「る」と「たか」の極端なものもあるが、目標と評価が実質同じものが多い。「○○ができたか」を具体的観点で評価しなければならないのに、肝腎の具体的観点が書かれていないのである。

　評価は、できなかったことも含め、学びの過程を具体的な観点に基づいて行わなければならない。評価するためには、学習過程（展開）における学びの構想が具体的にイメージできていなければならない。具体的にイメージできていなければ、学びに関わる具体的な観点を想像できないから、具体的に書くことができない。評価の内容や具体的観点は、授業者の授業力、学びの構想力と密接に関連している。評価の欄を見ただけでも、どのような授業なのかが分かる。

　「具体的観点」は、子どもの学びの要素でもある。「具体的観点」による評価を通して、目標達成の程度が分かる。学びの要素の点検を通して、学びが具体的に成立していたかが推測できる。具体的観点があってこそ、授業の見直しも具体的に可能になる。ここで初めて評価がほんものになり、確実に授業改善に

生かすことができる。

　抽象的な評価の視点に留まっている学習指導案は、評価項目があるから書いているにすぎない。

③　教師の判断が優先している

　教師の評価が、子どもの生きた学びの実態を照らしているとはかぎらない。なぜなら、連続する授業や子どもの生命の一部を、一定の基準・概念で切りとることが多いからである。

　よく知られるゲーテの箴言に、「感覚（五感）はあざむかないが、判断があざむく」がある。「判断」は教師の精神（自我）の執我による「概念的把握」、「感覚」は精神が捨我の状態に留まる心情の観得力による「指示的把握」である。「指示的把握」は学びの本質に迫ることができるが、「概念的把握」では概念の範囲でしか把握することができないないことを自覚しなければならない。教師の「概念的把握」に宿るものさしがじゃまとなり、学びの全容の把握を規制・制限する。

　学びを評価する場合は、子どもの発言・表現物・雰囲気・まなざし・うなづき・つぶやきなどの確認可能なもののみならず、可視化できない子どもの内面に思いをはせなければならない。教師の精神が執我ではなく、捨我によるまっさらな状態で心を開いていかなければ、子どもの心情を観得することはできない。評価が教師に突きつけているのは、教師の知識や判断力ではなく、教師の観得力である。

（8）　メインであるべき「学習過程（展開）」が粗い

　学習指導案には、「題材（単元）設定理由」「目標」「子どもの実態」「指導計画」なども書かなければならないが、「実際の授業でどのように授業を展開して、子どもの学びを確かなものにしていくか」に関わる「学習過程（展開）」こそ重要である。

　そのため、他の項目は要約的でかまわないが、「学習過程（展開）」は詳細に書かなければならない。しかし、「題材（単元）設定理由」などに割かれている労力に比べると、「学習過程（展開）」は粗いものが多い。意外とあっさりし

ているものも少なくない。

　詳細に書かれているものでも、よく見ると、教師が子どもにさせたい具体的な活動が列挙され、その活動を子どもができるようにするための支援が細かに書かれているものが多い。

　学びは具体的な活動を通して行われるので、具体的な活動を列挙することは間違いではない。学びは、教師が想定した活動を子どもができるようにすることではない。具体的な活動を通して、「どのような学びを創るのか」「その学びを創るために、具体的にどのような支援をするのか」「仲間とどのように関わらせるのか」などが詳しく書かれなければならない。

　教師は、「何をどう教えるか」には慣れているが、「子どもの主体的な活動を通して、どのような学びをどのように創るか」はあまり得意ではない。

　「学習過程（展開）」に求められる詳細さは、ボリュームではない。具体的な活動を通して、子どもの学びを創るための具体的な展開が構想されているかである。

（9）　支援が抽象的である

　「学習過程（展開）」には、時系列で「学習活動」が書かれ、学習活動に対応した「支援」が書かれる。「支援」は、徹底的かつ具体的に構想していなければ、その場で具体的に支援することはできない。

　教師が準備した「学習活動」に対して、子どもは子どもなりに取り組む。その取り組みに対して、教師が具体的に支援することになる。よって「学習活動」と「支援」の2つの欄ではなく、保育指導案の多くに見られる「予想される子どもの活動」欄も設けるべきである。「予想される子どもの活動」欄を設けることによって、子どものどのような具体的な活動に対して、教師がどのように具体的な支援をするのかが分かる。支援する際の関わりは、「教師と一人の子ども」「教師と子ども全体」「子どもと子ども」などが考えられるので、集団の視点も欠かせない。

　「支援」や「留意点」を見ると、「○○に気づかせる」と記載されていても、「どのようにして気づかせるか」が書かれていない。「説明する」と書かれてい

ても、「どのように説明するか」が書かれていない。「見通しを持たせる」と書かれていても、「どのように見通しを持たせるのか」が書かれていない。このように、支援が抽象的なものが散見される。

　支援は、具体的に行うものである。具体的な支援が書かれていないのは、学びが具体的に構想されていない 証 である。

　子どもの学びは、支援するための具体的な引き出しをどれだけ授業者が持っているかに左右される。たくさんの引き出しがあってこそ、柔軟な対応も可能になる。

　授業者に確固たる学びの構想が具体的になければ、学びを創造することは決してできない。「活動あって、学びなし」の授業になるのは必然である。

4　学習指導案で期待した以上の学びを目指す

　学習指導案はあくまでもプランなので、プランに縛られたり、プランどおりに進めることを優先してはならない。細部まで学習指導案どおりに授業を展開することは不可能であるが、徹底的に吟味された学習指導案であれば学習指導案に沿った展開になることが多い。

　学習指導案に、全ての学習活動を書くことはできない。ポイントや例を書くことになる。学習指導案に記載しない活動も、さまざまに展開される。学習指導案に記載しない活動が展開されても、学びの構想をきちんと押さえていれば、臨機応変かつ柔軟に対応することが可能になる。このように、学習指導案は、そもそも幅を持っている。学習指導案に書いていなくても、臨機応変かつ柔軟な対応をするのは当然である。

　吟味された学習指導案であれば、学習活動が遅滞して動きがとれなくなるようなことは考えられない。一方、教師の期待を遥かに越える学びが展開されることがある。子ども自身も驚くような活動である。このような活動を引き出すことは決して簡単ではないが、目指さなければならない。

　学びは、それまでできなかったことができるようになったり、今まで気づかなかったことに気づくことであり、その過程である。子どもがそのときに持っ

ている能力の範囲内なら、どのような活動が展開されかを予測することは難しくない。しかし、教師も子どもも予想できなかった学びが創造されることがある。これこそ真の学びであり、学びの創造である。子どもたちはもちろん、教師自身も成就感や充実感でいっぱいになる。

　学習指導案どおりに展開される授業を評価する人もいる。プランどおりに展開されないと、プランの甘さを指摘する。しかし、授業は学習指導案どりに展開されたか否かではなく、確かな学びが創造されたかどうかである。

　学習指導案どおりに展開される授業が多いと思われる。学習指導案どおりに展開される授業は決して失敗ではないが、成功とも言えない。学習指導案で期待した以上の学びが創造されてこそ成功と言える。

　学びを見極めることは難しい。学びの質は、決して発言の多少にあるのではない。発言が活発だからといって、必ずしも、質の高い学びが展開されたことにはならない。現象上の活発さに惑わされてはならない。つぶやき・まなざし・表情・表現や授業後の変化などから、トータルに子どもの学びの形成・深化を洞察できなければならない。

5　授業終了後の吟味が欠かせない

　学習指導案を書くことは、決して楽なことではない。学習指導案を書いて、教材を準備し、授業の展開を構想するだけでも疲れる。そして、学習指導案を印刷して、配布する作業が伴う。学習指導案の事前説明会を実施している学校もある。そして、授業公開である。参観者がいると、いないときよりも疲れる。授業終了後は、自分の授業を自己評価しなければならない。そのうえ、授業研究会に出席して、質疑応答もしなければならない。このように、学習指導案を書いて授業を実施することは、授業者にとっては大変なことにちがいない。

　授業研究が日常化していない教師にとっては、学習指導案を書いて授業を行うことや公開研究発表会は特別なことなので、終わるとほっとするのが偽りのないところである。このような教師は、決して少なくないと思われる。終わればほっとし、それまでなのである。PDCA サイクル（Plan［計画］→ Do［実

践]→ Check［評価］→ Act［改善］→）に照らすと、「P → D → C」になり、ひとサイクルもしない。

　一方、日々授業改善の必要性を痛感している教師は、学習指導案を書いた授業を詳細に自己評価するとともに、授業研究会で議論されたことを引き取って授業改善の具体的な手がかりを必死になって探す。その結果、PDCA サイクルがエンドレスで回る。

　学習指導案は、書いて授業を行うことが目的ではない。授業の長所と課題を考えながら、授業改善の手がかりを探し、それまでの授業者の考えを修正して教師が変わることが目的である。

　そこで、授業が終了したら、学習指導案を総点検しなければならない。学習指導案のままで、修正の必要がないところはそのままでよい。修正が必要なところは時間が経つと忘れることもあるので、早めに修正する。そして、その時点での学習指導案を確定させる。

　学習指導案の確定は、字句を修正することではない。確かな子どもの学びを創造するためには、どのような授業プランが求められるのかを明確にすることである。学習指導案の作成よりも、学習指導案を確定させることに時間をかけなければならない。それが、自分の授業の意味を明確にするとともに、確実に授業改善に生かす道に繋がる。

第 **6** 章

学校における研究・授業研究・研修の在り方

　教師になると、いくつもの授業を担当しなければならない。大学で教授学の基本をしっかり学んでいない教師は、現場で展開されている先輩の授業を参考・手本にせざるをえない。そのほうが、ゼロから授業を考える必要がないので楽である。現場で展開されている授業が習い性となり、それが日常化し、あたりまえになる。現場であたりまえになっている授業を根本から問い直すためには、研究・研修が不可欠である。

　教師は誰しも、自分が担当する授業のために教材研究して題材を準備し、支援方法を考えて授業に臨む。謙遜して、「自分の授業はまだまだ」「課題がたくさんある」などの抽象論は言っても、本心では自分の授業はよいと思っている。抽象論しか言えないのは、自分の授業の課題が具体的に見えていないからである。自分の授業を基本的に是としているかぎり、自分の授業を本質的に変えていくことは難しい。具体的な自分の授業の課題と改善策が見えてくれば、おのずと授業は改善されていく。

　釘を打って曲がると、曲がりぐあいが見えるので、否応なく打ち方の下手なのが分かる。このように、目に見えるものは分かるが、授業の考え方や子どもの学びのような目に見えないもののよしあしは把捉しづらい。自己評価したり、客観視に努めても限界がある。自分の授業の掘り下げた評価は、学びの本質が分かる他からの指摘によるところが大きい。研究・研修とは、他から学ぶことである。他から学ぶことによって、教師自身が変わることである。

　筆者は、人間理解に関してはルートヴィッヒ・クラーゲス（ドイツの哲学者）

及び三木成夫（解剖学者）、授業研究に関しては「授業を考える会（青森県十和田市、代表 伊藤功一）」に実に多くのことを学んだ。

「授業を考える会」の学びの本質に迫る毎回の議論は、とてつもなく大きな衝撃だった。提案者は、まさに「まな板の鯉」状態である。しかし、非難しているのではない。提案者が気づかなかった学びの本質が、授業での具体的な事実を通して、その根拠とともに明らかにされる。提案者にとっては大変厳しいが、何よりも提案者が学んでいる。提案者が、心底納得する「まな板の鯉」である。

「授業を考える会」で毎回学びの核心に厳しく迫る議論が展開されたのは、代表の伊藤功一はもちろんだが、宮城教育大学教授の武田忠・小野四平・岩浅農也らの存在が大きかった。武田忠・小野四平・岩浅農也らの議論を聞いていると、これほどまでに学びの本質が分かる大学教員がいることに驚かされた。教員養成系大学教員の、あるべき姿があった。また、施設（滋賀県・京都府・愛媛県など）や盲学校（千葉県など）や幼稚園・保育園などの実践からも多くを学んだ。このように、自分が長く勤務していた特別支援教育（知的障碍）関係以外からも多くを学んだ。

自分に大きな影響を与えたルートヴィッヒ・クラーゲス、三木成夫、「授業を考える会」などを振り返ると、出会い及び経験知の重要性を痛感させられる。

授業（実践）は、教師の特権である。授業は、やり直しができない。将来にわたる子どもへの影響の大きさに震えるが、PDCA（計画 ― 実践 ― 評価 ― 改善）サイクルによる授業研究を確実に積み重ねていかなければならない。教師として、研究の歩みを定年までに1冊くらいは著書にまとめたい。それは子どものためでもあるが、何よりも教師自身のためである。そして、著書に触れる人のためにでもある。

悔いのない教員生活を送るためには、常に自分に厳しくありながら、確実に研究を積み重ねて自己変革し続けるしかない。自己変革がどこまでできるかは教師自身の問題であるが、学校という職場の環境も無視できない。

パソコンの入力で静まりかえった教員室ではなく、子どもの話題が多く飛び

交う教員室でなければならない。さらに、複数担任の科目は週に 1 回くらいは授業の打合せがきちんとできる教師集団でなければならない。そして、授業研究会を積極的に開催し、日常化することによって教師集団全体の変革が期待できる。

　授業研究・授業研究会は、「どれだけ日常化しているか」「どれだけ本質が明らかになっているか」が大きな鍵を握る。授業の本質に鋭く迫る授業研究会にお目にかかることはめったにないが、学びの本質を深くえぐる質の高い校内授業研究会を模索したり、レベルの高い外部の授業研究会に積極的に参加したり、学びの本質を開眼してくれる図書・研究者・実践者との出会いに積極的でありたい。

　授業研究会が真の授業研究会になるためには、さまざまな価値観を持つ外部の人、それもいろいろな視点から学びの本質が分かる人ができるだけ多く参加することが条件となる。何事も、構成メンバーの資質以上の議論は展開できない。校内の教員に限定した授業研究会を、いくら積み重ねても限界がある。学びの本質に迫ることができる第三者の参加が欠かせない。公開研究発表会や研究紀要は、授業研究の一つの結果にすぎないことを肝に銘じる必要がある。授業研究・授業研究会が日常化していなければ、その原因を究明して、対策を講じなければならない。

　研究は、主体的・自主的に行わなければ意味がない。いきなり全員参加で、頻繁にとはいかない。積極的に研究したい教師が中心になってリードし、充実した授業研究・授業研究会を創り上げていかなければならない。

　授業改善は、決して子どものためではない。なぜなら、「子どもの学びをどのように創るか」「子どもの学びをどのように深めるか」は教師自身の問題だからである。よって、研究（授業研究）は教師自身のためにするものである。

　また、研究と研修は一体のものである。研究は当事者である教員が主体的・自主的に行うことによって、子ども一人一人が輝く授業を探究することである。

　研修には研修会・視察研修などがある。研修は教育や授業に関するテーマについて、講師を招聘して学ぶ形が多い。学校単独で行う研修もあれば、教育委

員会主催の研修もある。真に学べる研修になるかは、テーマと講師の力量に左右される。研修のレベルもさまざまである。質の高い研修になるには、工夫が要る。優れた実践をしている学校などを視察することなども研修である。

1　研究・研修の目的

　一人一人が輝く授業を創造していくためには研究・研修が不可欠なので、附属学校か附属学校でないかは関係ない。

　教育基本法第９条を見るまでもなく、教師は使命と職責の重要性から、研究・研修に努めなければならない。教育の目的は、人格の形成（人づくり）である。人格の形成は教育が担っている。教育は教師の資質に左右される。教師の資質を高めるためには、研究・研修が欠かせない。教師の資質の資質が高まって、人格の形成が豊かに行われているかは、研究・研修の質による。よって、研究・研修の目的は「教師の資質の向上」に基づく「教育の質の向上」、つまり「人格の形成」である。子どもの生命は、教師の研究・研修に左右される。

（1）　附属学校の使命

　どこの附属学校も文部科学省の施策を受けて、附属学校の使命に「①実験的・先導的な学校教育」「②教育実習の実施」「③大学・学部における教育に関する研究への協力」の３つを掲げている。しかし、附属学校か否かに関係なく、学校は質の高い教育を探究していかなければならないし、教育実習の要請があれば受け入れなければならない。研究者などの専門家とも連携しなけらばならない。

　国が附属学校を設置しているのは、全国の学校が「人格の形成」を確かなものとするために、先導的な役割を期待しているからである。

　実験校として附属学校が存在する意味は、学びを創造するための授業を実験的・先導的に探究することにある。未知の問いに基づく独創的かつ大胆な研究・実践に取り組み、新しい知を発信し続けなければならない。「知の冒険」

である。「教育実習」や「地域社会への貢献」も、「知の冒険」がもたらす「授業改善へのあふれる情熱」「授業改善に向けての強力かつ具体的な研究・実践の取り組み」「学びを創造する新しい切り口」あってこそである。「授業改善（研究）」「教育実習」「地域社会への貢献」の成果は、現状の授業を改善して学びを質的に高めようとする教師個々及び教師集団のエネルギーの大きさに左右される。

　よって、附属学校の教員（附属なので教育学部教員も）に最も問われるのは、授業改善への強固な意志であり、他校の手本となるような質の高い研究・研修であり、全国の教育をリードする気概である。

（2）　附属学校不要論

　文部省主催の「東日本国立大学附属学校長教頭等研究協議会」が、1971年に宮城教育大学で開かれている。会場校を代表して、林竹二宮城教育大学長が挨拶している。挨拶の中で、附属学校の在り方を鋭く指摘している[36]。

　林竹二が指摘した問題は、次の7つに要約できる。

① 　附属学校が大学の附属としてどうあるべきかについて、根本まで掘り下げて、改めて抜本的に考えなおされたことがない。

② 　附属学校が大学の研究に協力する機能がひどく稀薄になり、学生の実習指導に責任を持つことに矮小化され、すりかえられている。

③ 　教養審の答申では、教員養成の基礎になる教育諸科学をつくりだす仕事の中で、附属学校が引受けなければならない重要な任務についてほとんどふれていない。

④ 　臨床的な教育科学はまだ生まれていないので、それを附属学校が軸心的な任務を引受けなけらばならない。それができなければ、附属学校としての任務は遂行できない。

⑤ 　大学が本気で教員養成に責任を持つなら、臨床的な教育の学問をつくりあげる努力を避けることができない。その拠点は附属学校以外にないので、附属学校の任務は重大である。

⑥ 　附属学校における臨床的研究によって、授業を根本からとらえなおすこ

とができなければ、附属学校はその本来の任務に堪え得ない。附属学校には、その種の問題意識が欠けている。

⑦　大学学部の研究、研究の質にも重大な問題がある。

近年は多くの大学に教職大学院や教育実践総合センターが設置されているが、残念ながら、上述した7つの指摘は50年近く経っている現在も変わらない。教職大学院や教育実践総合センターの設置によって、学校現場の教育の質が向上し、子どもの学びが深化した実感はない。それどころか、指摘された内容に関する問題意識が稀薄（きはく）になっている気がしてならない。

この協議会には、教員養成系大学教授である附属学校長も参加している。どのような思いで、指摘を聞いていたのだろうか。学部・附属学校に戻ってから、指摘に応えるための具体的なアクションを起こしたのだろうか。いっしょに参加した教頭（副校長）も、附属学校に鋭く突きつけられた深刻な宿題であるとの自覚を持ったのだろうか。それとも、出席した教員養成系大学教授（附属学校長）及び教頭（副校長）にとっては、他人事で、自分の大学・学部・附属学校とは直接関係ない問題と受け止めたのだろうか。

残念ながら、今日でも依然として附属学校不要論はあるし、附属学校がその使命をじゅうぶんに果たして、期待に応えているとは言いがたい。国が全国の附属学校を維持するのに要している経費の総額は、相当なものである。ならば、附属学校を解体し、地域の学校で学べば済む。そして、地域の学校の研究・研修を活性化すればよい。

附属学校の存続が問われているのは、研究・研修の質が問われているのである。問われているのは、附属学校だけではない。附属学校に直結している大学・学部教員も、あぐらをかいてはいられない。大学・学部教員の中には、授業参観・授業研究への参加と助言、公開研究発表会助言者などで研究に関わっていると反論する人がいるかもしれない。しかし、問題は大学としての組織的な関わりと、関わりの内容である。

大学・学部教員が附属学校の使命である「実験的・先導的な学校教育」「教育実習の実施」「大学・学部における教育に関する研究への協力」に積極的に関わり、附属学校の教育・研究を積極的にリードしているとは言えない。残念

ながら、附属学校を訪問したことのない教員養成系大学・学部教員が少なからずいる。さらに、「学習指導案の作成法を、自分の授業では教えていない」「授業は現場のことでしょう」と公言してはばからない教員養成系大学・学部教員もいる。

　附属学校不要論をぶっ飛ばしたいなら、前述した附属学校の三つの使命「①実験的・先導的な学校教育」「②教育実習の実施」「③大学・学部における教育に関する研究への協力」に対応した具体的な短期・中期・長期計画を立てるとともに、自他とも認める研究成果を確実にあげなければならない。そして、評価を厳しく行われなければならない。附属学校の使命をじゅうぶん果たすことができるかは、大学・附属学校及びそれぞれの教員の意識にかかっている。

2　研究は仕事か

　研究は、義務でも、強制されるものでもない。あくまでも主体的・自主的に行われる。学校における仕事は、学級経営・授業・校務分掌・諸会議などである。附属学校で開催される公開研究発表会に関わる研究は、基本的には義務としての仕事の一環である。

　研究は主体的・自主的に行われるべきであるとの考えから、学校で開催される授業研究会などへの出席を任意としている学校もある。

　いくら仕事に熱心に取り組んでも、研究抜きに授業力は向上しない。しかし、教師は仕事をこなせば務まる。「授業に問題が多い」「研究をあまりしない」などの理由で解雇されることはない。つまり、教員は研究しなくても務まる職業に成り下がっている。

　研究は教師としての力量不足を改善するために、自ら進んで、主体的・自主的に取り組むものである。授業は仕事として行わなければならないが、授業力は教師自身の主体的・自主的な研究に待たなければならない。問われているのは、教師自身の研究に対する主体性・自主性である。

3　研究に求められる条件

（1）　研究の区分

　研究業績は、一般に「著書」「論文」「その他」の３つに分類される。「著書」は、出版社などから刊行されたものなので分かりやすい。「論文」「その他」の内容は、以下のとおりである。

　「論文」は、学術誌（世界規模及び全国規模の学会誌や学術誌）、地方学会の研究機関誌、大学紀要、教育実践研究などに掲載された論文を指す。これらを「論文」としてまとめて記載している例もあるが、「論文」の中で区分して掲載している大学もある。

　「その他」は、辞典・事典、ハンドブック、翻訳、報告書、研究ノート、研究資料、学会発表、発明・特許などである。

　また、「制作・演奏・競技などの実技に関する業績」は、「論文」や「その他」に入れたり、別枠にしたりさまざまである。教員養成系大学教員の場合は、教員自身の実技に関する業績は「その他」にすべきである。

　このように、研究にはいろいろなものがある。学校の研究発表には、公開研究発表会・研究紀要、教材・教具資料集、学習指導案集、美術作品集、個人・グループを対象とした冊子、作品展、演奏会などがある。学校は、さまざまな研究をして、多様な発表を積極的に行わなければならない。

　「著書」や「論文」に求められるのは、「独創性」「新規性」「発展性」「有用性」「他への貢献」である。附属学校に求められている研究の「実験的・先導的」は、「独創性」であり「新規性」である。そして、研究にとって最も重要なキー・ワードは「独創性」である。

　研究は、その質がさまざまである。公表されている大学教員の研究業績を見ると、区分に疑問を感じるものも散見される。大学として精査することなく、教員本人の申告どおりに公表しているからである。

　研究内容にも疑問を感じるものが散見されるので、客観的に評価する基準の明確化が望まれる。

　独立行政法人「大学改革支援・学位授与機構」では、学部・研究科等を代表する優れた研究業績として選定した研究業績のみに対してだが、5段階の判断区分を示している。「SS（卓越した水準）」「S（優秀な水準）」「A（良好な水準）」「B（相応の水準）」「C（相応の水準に未到達）」の5段階である。

　この判断基準の是非はともかく、区分を適切に行い、研究の質を正しく評価しなければならない。研究業績の数よりも、研究の質こそ問われなければならない。

（2）　独創性がある

　研究は、単にすればよいのではない。どこの学校も似たような授業や研究をしているのが不思議でならない。その授業が、普遍的な授業だとは思わない。常識にとらわれず、理想の授業を求めて果敢にチャレンジしなければならない。

　「論文」と同様に、学校の研究にも「独創性」が求められる。「独創性」のない研究は、研究とは言えない。「独創性」とは、「既知の知」ではなく「未知の知」である。「未知の知」は、簡単に見つかるはずがない。

　「独創性」があると思っても、先行研究ですでになされているかもしれない。「先行研究にない研究」「先行研究の先を行く研究」になるためには、先行研究を徹底的に調べなければならない。研究が日常化していなければ、他の研究の状況を把握することができない。ふだんから積極的に他から学んで、「自校の研究テーマ」の立ち位置を知る必要がある。

　学校の研究計画は、「研究主題」「研究目標」「研究主題・研究目標の設定理由」「研究仮説」「研究内容」「研究方法」などで構成される。現状は審査がないので、これらを決めて研究すればいかなる研究でも認められる。「独創性」を担保するために、研究テーマに関わる「他校のこれまでの研究の状況」及び「本校の研究の独創性」の項目を新たに加える必要がある。

　「他校のこれまでの研究の状況」を把握しなければ、本校の研究の立ち位置が見えてこない。「本校の研究の独創性」も、「他校のこれまでの研究の状況」を受けて、本校の研究のどこに独創性があるのかを計画の段階で把握しておか

なければならない。

　真の研究は、先行研究の後追いでも、二番煎じでもない。確固たる独創性が
なければならない。少しばかり汗をかいても、形ばかりの研究からは実験的・
先導的・独創的な研究は生まれない。乾いた雑巾を絞る覚悟がなければ、実験
的・先導的・独創的な研究という新しい道を切り拓くことはできない。

　定期的に公開研究発表会を開催していることと、実験的・先導的・独創的な
研究は比例しない。なぜなら、実験的・先導的・独創的な研究が感じられない
公開研究発表会が少なくないからである。

（3）　研究計画（理論的な裏付け・具体的な研究方法）がしっかりしている

　附属学校以外で公開研究発表会を開催している学校は極めて少ないので、附
属学校の研究を例に考えてみたい。

　研究計画を見て、「何を、何のために研究するのか」「何をどのような考え方
や方法で研究するのか」が明確に伝わってくる研究は極めて少ない。附属学校
の研究紀要を見ると、「研究仮説の考え方（理論的な裏付け）」や「具体的な研
究方法」つまり「研究計画」の粗い学校がほとんどである。研究計画が粗いか
ら、授業研究の焦点も甘くなり、中心となるべき授業実践も半端になる。そし
て、評価も必然的に具体性に欠けたものになる。

　粗くなりがちな「研究仮説の考え方（理論的な裏付け）」や「具体的な研究
方法」を克服するために、「何を、何のために研究するのか」「何をどのような
考え方や方法で研究するのか」を徹底的に練り上げる。徹底的に練り上げるこ
とを通して、中心となるべき授業研究・授業実践の焦点化を図らなければなら
ない。

　研究成果は、研究計画の時点でほぼ決まる。研究計画が粗くならないため
には、間口を広げないことである。間口を広げると総論的になり、焦点がぼけ
る。間口を狭めて焦点化し、一点突破しなければならない。大きなテーマを掲
げる場合は、サブテーマを決めて絞る必要がある。どだい、限られた時間・期
間で大きなテーマを研究するのは無理である。研究したいことを、どれだけ絞
れるかが重要である。絞って、とことん掘り下げなければならない。

（4）　他から徹底的に学んでいる

　勉強は、何のために、誰のためにするのか。自分を変えるために、自分のためにするのである。教師自身の思考方法・価値観・人間観・世界観・子ども観・教育観を変え、教師としての授業力や資質を高めていくためである。自分一人で自分を変えるには大きな限界があるので、自分と違う思考方法・価値観・人間観・世界観・子ども観・教育観に接することが不可欠になる。つまり、他からの刺激であり、学びである。また、自分が勤務している学校や地域などの固定的な環境では、構成メンバーの思考方法・価値観・人間観・世界観・子ども観・教育観を克服することが難しい。刺激となる新たな知を求めて常に外に視野を広げていなければならない。そのためには、広くアンテナを張って、積極的に情報を収集しなければならない。

　自分の授業が問題ないと考えるなら、研究する必要はない。しかし、いかなる授業であれ、課題はある。今の授業よりも子どもの学びが深まる授業を、他から学びながら、探究し続けることが教師の責務である。

　また、心に響く発表・講演・図書などに出会ったら、その人の図書・論文などを読破する。そして、遠慮せずに、積極的にすぐにその人にコンタクトを取り、自分の感想を伝える。その人に研究のまとめなどを送付すると、率直かつ有益なコメントが返ってくることが多い。これこそ、人脈である。研究は、自分に影響を与えてくれる人や図書などとの出会いでもある。出会いの多さが、研究の質を決定づける。

　気になる学会・研究会・公開研究発表会・大会・学校・施設などがあったら、機会を逃さずに参加・見学・発表する。実践や研究を積極的に発表して、意見をもらわなければならない。何ら遠慮することはない。遠慮すると、せっかくの機会を自ら逃すことになる。

　自分の授業を深刻に考えている教師は改善の手ががりを必死で探すため、他からの学びに積極的である。おのずと行動的になる。反面、他からの学びに消極的な教師は、自己評価が高く、授業改善の意欲が乏しい。このように、他から積極的に学んでいるかが、教師を評価するバロメーターになる。

①　文献を読破している

　附属学校の研究紀要に記載されている引用文献・参考文献を見ると、どれだけ先行研究から学んでいるかが分かるし、研究の質もここから推測できる。残念ながら、自校の過去の研究紀要中心で、他の文献は少ししか記載されていないものが多い。設定した研究テーマの重さを考えると、読むべき文献は相当な数になるはずなのに、これでは先行研究から学んでいるとは言えないし、おこがましくも研究しているとは言えない。

　人間の考えは、他から創られるものである。自分の考えは、他から養分を取り込んで蓄え、その栄養を手がかりに形成される。研究テーマに直接・間接に関わる先行文献を、可能な限り調べ上げて読破したい。そのためには、読むべき文献のリストが作成されていなければならない。

　他からの養分をたくさん取り込む過程にこそ、研究の大きな意味がある。「刺激を受けた図書に記載されている引用文献・参考文献」「尊敬する人から紹介された文献」「Cinii（サイニイ）による論文検索」は、重視したい。

　月に１冊読破しても、１年間では12冊しか読むことができない。週に１冊でも、50冊である。年度始・年度末・学期末・行事・年末年始などは、読書の時間を確保することが難しい。よって、週１冊でも、実質は年間30冊程度に留まる。自分に課題意識が明確にあると関連する文献を探して読むが、課題意識がないと読む必然性がないので読まない。この悪循環。

　学校として、研究用資料（自校及び他校の研究紀要・図書類・授業研究会等の研究活動関連）の整備・保管・充実が欠かせない。研究用資料のボリュームを見ると、その学校の研究の実態（質・レベル）が推測できる。

　各学校に10名程度が利用できる研究室を複数設置し、研究するための環境を整えなければならない。その環境とは、豊富な図書・資料、図書・資料を広げられる大きな机、パソコンなどが完備した大きめの研究室である。さらに、全教員が利用できる、大きめの作業台・工具類が完備した教材制作室、さまざまな印刷と製本が可能な印刷製本室の整備・充実が望まれる。

　自校の過去の研究紀要中心の「引用文献・参考文献」による研究を、克服しなければならない。

②　複数の学会に加入したり、外部の研究会や研修会などに積極的に参加している

　学会といっても、さまざまである。他から学ぶことの意義を考えると、直接関連する分野の学会のみならず複数の学会に加入したい。国際的な視野も重要になるので、海外の学会にも加入したい。学会員でなければ入手できない学会誌を入手できるだけでも、学会に加入する意味がある。

　ところが、学校の教員の学会加入率は劃然とするほど低い。学会に入っている教員が一人もいない学校は、相当数あると思われる。入っている学校でも、一握りのところが多い。

　いくら日々の教育に熱心に取り組んでいても、学会・研究会・研修会などから栄養をもらわないと、教師としては育っていけない。さらに、官民を問わず、魅力的な研究会・研修会などを探して、積極的に参加しなければならない。

（5）　研究が日常化している

　「学校の先生は忙しい」は、研究をしないことの免罪符にはならない。仕事が「忙しい」のは、あたりまえである。「忙しい」ことを理由に、研究を深めなくてもよいことにはならない。教師にとって、研究は子どもの学びを深めるために不可欠である。時間を効率的に使い、教師にとって最重要である「授業研究」に邁進しなければならない。

①　授業研究を学校運営の第一に掲げる

　教育委員会の「学校教育指導の重点」に「授業の充実」を第一に掲げているところはあるが、「授業研究」を掲げているところはあまり見たことがない。「授業の充実」は「授業研究」あってこそではないのか。「学校要覧」や「学校経営要覧」に、「授業研究」を第一に掲げている学校はほとんどない。「学校要覧」や「学校経営要覧」に「子どもに育みたい資質・能力」や「研修」のことなどが書かれていても、学校で最も重要な「授業」の質を高めるために不可欠な「授業研究」が強く打ち出されていない。学校は授業がメインなのに、不思議である。ここに、授業研究が遅滞している原因がある。

各学校は「授業研究」を学校運営の第一に掲げるとともに、第一にふさわしい具体的な計画を作成して実践しなければならない。

② 個々の教員が積極的に研究している

教員個人及びグループによる研究が、活発に行われる学校でなければならない。教員個人及びグループの活発な研究が、「学校全体の共同研究（公開研究発表会）」の土台になる。教員個々の研究レベルと学校全体の研究レベルは、比例する。教員個人及びグループによる研究が活発なことは、学校全体として研究が日常化している証である。そのような学校は、はたしてどれだけあるだろうか。

土台がしっかりしてくると、学校全体として取り組む必要がある研究課題が浮かび上がるので、公開研究発表会の研究テーマをゼロから考える必要がない。研究テーマを継続する場合であっても、ゼロからスタートするつもりで研究計画の作成には時間をかけなければならない。

なお、教員個人及びグループによる研究が予備研究の意味を持つ場合は、学校全体の共同研究のスタートが容易である。予備研究がない場合はいきなり本研究としてスタートすることが可能かもしれないが、期間を限定してかまわないので、予備研究をすべきである。予備研究によって研究の方向が明確になることが期待できる。研究の方向が明確にならない場合は、そのまま無理して進めるのではなく、研究テーマを変更しなければならない。

いずれにしても、教員個々の多様な研究の深まり抜きに、学校全体の研究は成立しない。そのためには、教員個々が研究をまとめ、学会・専門雑誌・研究大会などに積極的に発表していかなければならない。附属学校の教員は、教育学部紀要を積極的に利用すべきである。また、附属学校園単独または四校園（附属幼稚園・附属小学校・附属中学校・附属特別支援学校）合同の、発表の場所（紀要の類い）を設けるべきである。さらに、個々の教員にも研究の見通し（短期・中期・長期）及び国際的視野が求められる。

学校の全教員の研究業績を見ると、その学校の研究の実態（質・レベル）が推測できる。怠け癖を防止するためにも、教員個人として公開研究発表会とは別に研究をまとめ、最低でも毎年１編程度は発表すべきである。

③　授業研究（会）が活発に行われている

　附属学校の研究紀要を見ると、研究計画の甘さ以上に、それを実証する授業実践・研究の深まりの伝わってこないものが大半である。年にたった数回の授業研究会で、研究が深められるはずがない。学校現場の授業研究会は、極めて低調で寂しい限りである。授業研究（会）は教師の生命線であるのに、年に0〜5回程度の学校が大半である。信じられないというか、驚くべき状況である。学校で行われる全ての授業のレベルを上げなければ、学校の教育目標は達成できない。全ての教員が最低でも年に2回くらいは授業を公開し、授業研究会で授業の長所と課題を具体的事実に基づいて深く議論しなければならない。

　授業研究（会）が不活発な理由として、「質の高い授業研究（会）の経験がない」「学校を管理・運営する管理職や指導主事・大学教員に授業研究に関する業績が少なく、学校の授業研究（会）をリードできない」「授業研究（会）に積極的に取り組む必要性を感じていない」「学校の授業研究（会）に充実感が少なく、教員にとって負担になっている」などが考えられる。

　授業研究会が週1回でも大きな行事があるときは難しいので、開催できても年間30回程度になる。「30回しかできない」と考えるか、それとも「30回もできる」と考えるか。筆者は、「30回しかできない」と考える。ちなみに、年間100回くらい実施した学校もある。「日常の業務や授業をこなすだけでいっぱい」との反論があるかもしれない。だが、それは授業研究会を頻繁に開催しない理由にはならない。書類や資料の作成、会議への参加や運営、授業や行事などの準備と後片づけ、研究などを効率よくやるしかない。教師には、授業研究つまり授業力の向上中心の生活が求められる。

（6）　子どもに焦点を当てた研究になっている

　設定した研究テーマや研究方法の妥当性は、子どもの学びが深化したかにかかっている。それなのに、ややもすると「研究テーマの設定理由」「研究方法」「評価方法」などが強調され、「このように研究して、このような課題が残された」と、「研究者（教師）がいかに研究したか」に力点が置かれる。

　設定した研究計画は、子どもの学びに迫るための一つの切り口である。切り

口がどうだったのか、切り口に基づいた題材や単元の設定及び支援方法がどうだったのかを、授業における子どもの学びの事実と照合して、その意味を解明しなければならない。

「研究テーマの設定理由」「研究方法」「評価方法」などは授業と一体なので、分かりやすく提示しなけらばならないが、子どもの学びの状況（内面）こそ丁寧に読み拓いていかなければならない。つまり、子どもの学びに焦点を当てた研究を追求しなければならない。研究は教師の都合で行われるが、あくまでも子どもの学びの深化を探究するものでなければならない。

（7）　授業研究が深められ、徹底的に議論されている
①　議論を深める
　授業研究会は、回数が多いだけでは議論を深められない。発言が一部の参加者にならないようにするための「グループ討議の導入」、学びを深く洞察するための「授業参観記録の工夫」、議論を深めるためにの「授業研究会の進め方の工夫」などの対策が求められる。

　また、ふだんは校内のメンバーのみでよい。しかし、多角的な視点から授業を評価するためには、子どもの学びの本質に鋭く迫ることができる外部講師の参加が欠かせない。

　授業研究会では授業の長所や課題を表面的に指摘するのではなく、どの具体的事実が、どのような根拠で学びが深まっていたのか、あるいは深まらなかったのかを明らかにしなければならない。そして、学びが深められなかった活動はいかなる根拠に基づいて、どのように改善すればよいのかを展望するのである。授業研究会の参加者が学ぶべきは、まさにこの根拠である。つまり、「教授学」である。

　授業研究会で「どこまで学びの本質に迫ることができるか」「授業の長所と課題をどれだけ深くえぐることができるか」は、「授業研究会のやり方」や「参加者の授業力や研究意識」にかかっている。授業研究会を通して、授業改善の本気度が問われる。

②　題材論や支援論を克服する

　授業研究会での議論は、どうしても「題材」「支援」がメインになる。子どもの生命が輝いて、子どもの学びが創造される学習活動になっているかを考える場合、確かに「題材」「支援」は重要である。

　しかし、「どのような題材を、どのように支援すればよいのか」を学ぶだけでは、表面的な議論つまりハウ・ツー論に留まってしまう。

　授業研究会で重要なことは、授業で展開された題材や支援が子どもの学びの創造にとって有効だったかを検証することに留まってはいけない。授業研究会で議論すべきこと、参加者が真に学ぶべきことは題材論や支援論ではなく、学びを創造するための題材や支援の根拠と、その根拠を支える教師の思考方法・価値観・人間観・世界観・子ども観・教育観である。実際の授業における具体的な題材や支援には、その題材と支援を選定した根拠があり、その根底に授業者の思考方法・価値観・人間観・世界観・子ども観・教育観があるからである。

　題材や支援が変わるだけでは、授業の本質は変わらない。題材や支援を変えなければならない根拠と、その根拠を支える授業者の思考方法・価値観・人間観・世界観・子ども観・教育観が変わることによってしか、教師自身が変わることはできない。

（8）　公開研究発表会までにじゅうぶんな時間が確保されている

　公開研究発表会を終了してのんびりしていると、あっという間に年度末になる。新年度になってから、次期研究計画を決めるのに時間がかかると1年があっという間に過ぎる。そして、2年目の前半に実践（授業）しているうちに、研究をまとめなければならない時期になる。このような学校が多いのではないだろうか。これでは、研究期間がせっかく2年間もあるのに、実質半年間くらいの研究になってしまう。

　そこで、公開研究発表会が終了したら直ちに公開研究発表会で発表した研究を評価し、その年度内に次年度の研究計画の詳細を立案し、新年度と同時に研究をスタートさせる。そうすると、2年間の研究であれば、実践（授業）に1年半くらい、まとめに3か月くらいをかけられる。公開研究発表会終了時から

次の公開研究発表会までを、むだなく有効に活用しなければならない。

（9）　研究が主体的・自主的に行われている

　「公開研究発表会があるから」「附属だから」「研究しなければならないから」、研究するのではない。これでは「研究が先にありき」で、「研究しなければならないから研究する」ことになる。研究は、決して義務ではない。研究は本来、教師としての力量不足を埋めるために、試行錯誤しながら主体的・自主的に取り組むものである。

　深刻な力量不足感がなければ、研究テーマは思いつかない。深刻な力量不足感があれば、自分が強く実感している切実な研究テーマがあるはずである。

　また、研究は成功が目的ではなく、研究のプロセスにこそ意味がある。研究のプロセスを通して、学びを深め、教師としての力量を少しずつ高めていくのである。研究は、附属学校の特権でも義務でもない。教師なら、学校なら、当然のことである。

　校内外の研究会・研修会への参加も義務ではないので、強制されるものではない。研究は、あくまでも主体的・自主的に行われるべきものである。公開研究発表会に向けての研究も、全教員が等しく関わらなくてもよい。教員には、研究に対する温度差がある。意欲のある、一部の教員が中心でかまわない。人一倍汗をかくのを厭わない教員が、リーダーとなって進めればよい。

（10）　外部と真の連携がとれている

　研究で重要なことは、外部の視点である。講師を直系の教員養成系大学・教育学部の教員・指導主事・OB・官僚などに優先的に依頼するのではなく、設定した研究テーマ（学校全体・分科会）に関わる外部のスペシャリストとの連携がいかにできるかにかかっている。結果的に、直系の教育学部の教員・指導主事・OB・官僚などになるのはかまわない。

　いずれにしても、身近や県内に限定する必要はない。県外に適任者がいれば、積極的に交渉すべきである。せっかくエネルギーを費やして研究するのだから、最大の成果が期待できる外部講師を探さなければならない。附属の公開

研究発表会に参加すると、圧倒的に直系の教育学部の教員・指導主事・OB・官僚が講師であることに驚かされる。内輪である。内輪は忖度が働きがちである。公開研究発表会の分科会で、大学教員の助言を聞いて失笑を禁じ得なかったことがある。とても課題が多い提案授業だったのに、その課題を鋭く指摘することを遠慮したのである。そして、必死になって、無理して、授業の長所を探しながら助言しているのが手に取るように伝わってきたからである。

　助言は極めて重要で、研究を大きく左右する。適任の助言者を探すことは、容易ではない。研究テーマに即した助言者を探すことも、重要な研究である。

　また、講師は当該校種関係者に限定する必要はない。特別支援教育学校の場合、授業の分科会は特別支援教育に関わる教授学のスペシャリストがメインでもよいが、保育園・幼稚園・施設・特別支援教育に直接関係ない教授学関係などのスペシャリストでもよい。講演の講師は、教育界や校種に限定する必要はない。教育が総合的な営みである以上、教師の視野を広げるためにも、他の校種・分野も視野に入れるべきである。

　なお、研究テーマ（全校及び分科会）に関わるスペシャリストの候補者は、日頃から先行研究などを勉強していないと分からない。教員養成系大学教員は授業（教授学）のスペシャリストであるべきだが、残念ながら、授業（教授学）をリードできる教員は極めて少ない。学びの本質を深く読み拓くことができる大学教員は、全国でも一握りではないだろうか。猛省を促したい。大学教員も変わらなければならない。

　リードできる大学教員がいれば、積極的に活用したい。適任者を探せない場合は、当てにしないでやるしかない。その場合は、教員養成系の大学教員に授業を教えてやるくらいの気概を持ちたい。学校の教員が、教授学に疎い教員養成系大学の教員を育てるしかない。

　助言者（教員養成系大学教員など）に授業を深く読み拓く力がなければ、助言が印象論・一般論・抽象論・知識披露になる。公開研究発表会の分科会に参加して、学びに具体的に切り込めない教員養成系大学教員の助言に物足りなさを感じたことが少なくなかった。

　授業研究とは、子どもの学びに関わる授業での具体的事実（こと）とその根

拠（わけ・意味）を解明していくことである。具体的事実とその根拠をどこまで深く読み拓くことができるかが鍵を握る。授業研究で子どもの学びをどこまで解明できるかは、多様な視点から根拠を深く読み拓くことができる助言者・参加者がどれだけいるかに左右される。そのため、当該校教員のみの校内授業研究会には限界がある。多様な視点を確保するためには、学びの本質が分かる外部の参加者が欠かせない。根拠を深く読み拓く力は学校教員にも求められるが、教員養成系大学教員にはいっそう求められる。

　指導主事は校長・教頭よりも職位が低いため、自分よりも職位が上である校長や教頭に気を遣い、学校訪問などで厳しい指導・助言を控えがちである。指導主事は、校長にも厳しく指導・助言できなければならない。指導主事は、スーパーバイザーである。職位も校長と同格かそれ以上で、授業の実践力及び教授学の知に優れた教員を充てるべきである。よって、50歳半ばくらいまでは授業実践を徹底的に掘り下げ、その実践を基に説得力のある指導・助言が自分の言葉でできなければならない。しかし、現状は本格的な授業実践をする前に若くして任命されるため、中途な実践による助言、他人の実践や理論の紹介、教育行政（文部科学省や教育委員会）の広報になりがちである。中途半端な年齢で指導主事になるのは、本人にとっても、教育行政にとっても不幸なことである。

（11）　授業が変わり、教師が変わる研究になっている

　研究（授業研究）とは、題材を考えたり支援を工夫したりすることではない。まして、知識や指導技術を得ることでもない。授業が本質的に変わことである。授業が変わるためには、教師自身が本質的に変わらなければならない。知識や指導技術を得ることは難しくないが、教師自身が本質的に変わることは容易ではない。

　たしかに、ふだんどおりの準備をして、ふだんどおりの授業をしたほうが楽に決まっている。身近（勤務している学校・地域・県内）であたりまえ（常識）の実践をしていれば楽だし、仕事としても務まる。しかし、その狭い世界で通用していることがほかでも通用するとは限らない。授業の本質に迫る実践や理

論を、積極的に学ぶことなしに自分の授業を質的に変えることはできない。

　膨大な本を読んだり、学会や研究会に積極的に参加しても、授業が変わるほどの学びを得られる保証はない。そもそも、学びに必要な難しい文献を読んだり、経費と時間をかけてまで学会や研究会に参加したりするのは大変である。自分の授業を妥当（合格）と考えているかぎり、厳しい学びの旅には出られない。授業が変わるほどの学びは、知識や意識を越えて、からだごと観得・体感してこそ得られる。

　人間、生死に関わることは必死になって対応する。子どもが授業で何を学ぶかは、子どものその後の人生を左右する重大な問題である。しかし、多くの教師は自分の授業に課題があることは口先だけに留まりがちなので、そこまで深刻に受け止めない。研究も、ほんものになっていかない。

　人間は、自分の能力の範囲でしか物事を把捉できない宿命がある。自分の能力を打破する力は、他からの学びによってしかもたらされない。他からの学びによって自分の授業が変わると学びの意義を実感できるので、学びが深まる。好循環となる。

　真のプライドや信念は、自分の考えややり方に固執することではなく、教師自身の授業力を高めるために不断に自己変革し続けることから生まれる。

　授業を本質的に変えるためには、教師自身が変わらなければならない。教師が変わるほどの研究や試行錯誤には、想像を越える労力が要る。理屈では理解しても、「こうしてはいられない」という緊迫した切実感がないと、厳しい研究を実行するは容易ではない。

　教師自身が変わるということは、教師自身が持っている能力ではできない高みに登ることである。教師自身が変わることなしに、高みに登ることはできない。変わるためには、「自分の授業を本質的に変えたい」「子どもの学びの状況を深く洞察できるようになりたい」という、緊迫した意識がなければならない。この緊迫した意識をもたらすのは、教師としての深刻な力量不足感である。

　ところが、自信に満ちた研究発表にしばしば遭遇して驚くことがある。この自信がどこから来るのか、分からない。研究は、決して自慢するためではない。

教師としての力量不足感があれば、とても自慢できるものではない。深刻な問題点（課題）を突きつけられ、実感してこそ、なんぼの世界ではないのか。

　残念ながら、教員（大学教員及び学校教員）が授業や研究の質を問われることはない。授業や業務をこなせば、務まる職業に成り下がっている。授業を極めようと努力を惜しまない教員もいるが、そうではない教員が少なくない。

　教師としての力量不足を、口先だけではなく深刻に実感していれば、力量不足を埋めるために必死になって勉強する。教師としての力量不足は、「授業で立ち往生する」「授業や実践・研究の問題点を厳しく指摘される」「優れた実践に目を覚まされる」などの経験がないと生まれない。しかし、教師としての力量不足を実感できるこれらの経験は簡単には得られない。

　そこで、教師としての力量不足を実感するためには、「授業の本質を深くえぐる授業研究会を模索したり、参加したりする」「他人の授業を積極的に参観する」「授業に関わる外部の研究会などに積極的に参加する」「実践をまとめて、率直かつ厳しく議論できる場所に積極的に発表する」「文献を読破する」などを推進するしかない。校種や専門分野に関係なく、自分が学べる研究会や人と多く出会い、増やしていけるかが大きな鍵を握る。

（12）研究の評価

　学校では、学校・学部・学年・学級・教科・領域・題材及び単元・行事などに必ず目標が掲げられる。しかし、目標を達成するための具体的なアクションプログラムが策定されていないか、策定されていても吟味されないまま看板に終わっているのが実情である。PDCA（計画・実践・評価・改善）サイクルに照らすと、目標を達成するための具体的計画がないので、具体的な実践がされない。具体的な実践がされないので、具体的に評価できない。具体的に評価できないから、具体的な改善ができない。

　「授業して、評価し、評価を生かして改善している」との反論があるかもしれない。個々の授業に関しては、多少あるかもしれない。しかし、例えば学校目標に対して、具体的な計画をきちんと作成し、その計画に基づいて実践し、評価し、改善し、改善した計画に基づいて更なる実践をしているだろうか。

義務としての学校評価があるので、評価しなければならない。しかし、評価項目はあっても具体的な評価基準がないので、「よい・とちらかといえばよい・どちらかといえばわるい・わるい」「達成できた・ほぼ達成できた・あまり達成できない・達成できない」などの4段階などで評価することが多い。具体的な評価基準がないので、教師の感覚・印象で評価することになる。教師の感覚・印象には個人差があること、教師によって基準に甘辛があることなどを考えると、評価結果は信頼できない。しかも、これは評価ではなく、評定である。評価とは、長所と課題を明らかにすることではないのか。長所をさらに伸ばし、課題を改善するために評価がある。現状の学校評価は、残念ながら授業改善には直結していない。評価のための評価になっている。

　研究の評価も、同様である。具体的で詳細な研究計画があれば、実践も評価もより具体的なものになり、改善にも生かされる。研究が甘ければ、おのずと評価も甘くなる。研究が具体的にイメージできて、研究のシュミレーションがしっかりできるまで研究の中身が吟味されていなければ、適切な評価はできない。

　研究のレベルと PDCA の内容は比例する。切実な授業改善に対する意識があれば、改善のための PDCA サイクルは充実する。一方、義務感で取り組んでいる研究は切実な授業改善に対する意識が希薄なので、PDCA サイクルは形骸化する。公開研究発表会が終わればほっとし、そこで研究を遮断する。本来であれば、公開研究発表会が終了したら、研究を上書きしていくために更なるエネルギーをそそがなければならないのに。

3　公開研究発表会の在り方

　附属学校は、公開研究発表会を実施している。附属学校以外でも、多くはないが実施しているところもある。附属学校か否かに関係なく、積極的に研究して発表すべきである。そうなると、附属学校の存在感がいい意味で消える。と言うか、附属学校か否かに関係なく、全ての学校で学ぶ全ての子どもたちにとって、教師の積極的な研究を通して学びの質が高まるのは必要である。

（1）「公開研究発表会＝研究」とは限らない

　公開研究発表会の開催には相応の労力を費やすので、「研究した」錯覚に陥りやすい。客観的に見ると、研究の質は多様である。研究のための研究と言わざるをえないもの、可もなく不可もないもの、熱意にあふれ学びの本質に鋭く迫っているものなど、ピンキリである。残念ながら、研究の質を客観的に評価するシステムがない（引用の状況などはあるが）ので、当事者は過大評価しがちである。

　授業と同様に、中身のある研究は労力をかけないと得られないが、労力をかけると必ず得られるものでもない。研究がほんものかどうかは、研究に触れた人の心にどれだけ響くかが大きな判断材料になる。字面が並んでいるだけの研究ではなく、教師の思いや子どもの姿が生き生きしている研究である。ほんものの授業研究は、「教師の熱く、切実で緊迫し、かつ深刻な授業改善へのエネルギーと課題意識」「自分の授業を何とかしなければという強力なモチベーション」がなければ生まれない。そして、他からの栄養（文献・学会や研究会・公開研究発表会・他校種や業種などの実践・研修会等）をしっかり取り込まなければならい。栄養不足に陥ると、深まりのない研究になるのは必然である。研究テーマも、お題目に終わる。

　研究テーマや研究方法などを決めて、研究・実践し、分担執筆して研究紀要にまとめ、公開研究発表会を実施すれば研究の形にはなる。しかし、それが真の研究に値するかは別問題である。

　研究レベルが上がるほど、課題が見えてくる。研究レベルが上がるほど、適正な評価ができるようになる。レベルの高い人ほど、自分の研究（授業）はまだまだだと思っているのに対して、レベルの低い人ほど課題の大きさに気づかないので研究（授業）に満足する傾向がある。レベルが低い人ほど、自分を過大評価する傾向があると言われている。

　能力を風呂敷に例えると、自分が持っている風呂敷のサイズに入るものしか包むことができない。自分の風呂敷を越える大きさのものは包むことができない（把捉できない）宿命があること、風呂敷には大小いろいろな大きさがあること、風呂敷の大きさは無限に考えられることを自覚しなければならない。

　研究には、確固たる独創性がなければならない。確固たる独創性のない研究を発表する公開研究発表会は、おこがましくも研究には値しない。

　また、公開研究発表会当日の内容や公開研究発表会に合わせて配布される研究紀要も研究であるが、そこに至る日々の研究活動こそ研究である。

（2）　学校として研究発表の方法を吟味する

　公開研究発表会は、なぜか「授業公開・分科会・講演」の従来のスタイルが圧倒的に多い。盛りだくさんで、どの内容も中途半端になる。議論を掘り下げることも難しくなる。そこで、長い時間かけて議論を深めることは厳しいので、あえて、盛りだくさんにしていると考えられなくもない。

　公開研究発表会の内容は従来型のものもあれば、通常の公開研究発表会のほかに「授業研究会」「研修会」「講座」「シンポジウム」「展覧会」「演奏会」などを実施している学校もある。これは、喜ばしいことである。

　個人の発表は著書・学会誌・学術誌・紀要・学会発表（口頭・ポスター）などに限られるが、学校の発表は多様に考えるべきである。

　研究成果の発表は自慢するためではなく、発表を材料に参加者と議論しながら、多様な視点で学びの本質を探るためである。つまり、公開研究発表会の意義は発表ではなく、議論にあるのは言うまでもない。名称が「発表」や「報告」であっても、「発表」や「報告」に対する質疑を丁寧に行わなければならない。

　「演奏」や「展示」などの発表は、「発表」がメインでよい。授業に関わる研究は「発表」がメインのときもあってよいが、「議論」がメインであるべきである。「議論」がメインとなるためには、そうなるための内容・進行・講師を考えなければならない。盛りだくさんではなく、「授業研究」中心、「講演」中心、「シンポジウム」中心など、さまざまに工夫し、試行すべきである。公開研究発表会の持ち方も、一つの提案である。

　盛りだくさんでなければ、提案にも、質疑にもじゅうぶんな時間が確保できる。時間をじゅうぶんに確保して、活発な議論を展開するためには、発表する研究や提案授業に相応の内容がなければならない。これは、発表者にとって

かなり厳しいことだが、「発表」する以上、当然である。研究、まして「発表」には覚悟が要る。研究発表の内容が乏しかったり、進行が下手だったりすると、短い時間設定でも時間を持て余す。せっかく提案しているのに、提案と直接関係がない他校の情報交換などで時間をつぶすようになったら悲惨である。質問や意見が出ないからといって、指名するのはよくない。発言は主体的・自主的に行われるべきであるし、発言が活発に引き出される提案や進行（グループ討議の導入など）を考えるべきである。

　公開研究発表会のスタイルに完成形はない。そのときの公開研究発表会にふさわしい内容を、考えなければならない。

　いずれにしても、「研究」と「研究発表の方法」が一体である以上、従来のスタイルを安易に踏襲するのではなく、研究発表の名称・内容・方法を徹底的に吟味し、さまざまに試行すべきである。

（3）　現職や学生が多く参加できる期日に公開研究発表会を開催する

　多様な視点から議論を深めるためには、多くの参加者が期待できる「土曜日開催・参加費無料」が望ましい。当該校は、月曜日を振替休日にすればよい。

　現に、全国の公開研究発表会の状況をみると「土曜日開催・参加費無料」の学校が散見される。平日開催だと、現職は授業があるので出にくい。大学生も授業があるので参加しにくい。

　「平日開催・参加費有料」の複数の学校に、「土曜日開催・参加費無料」の提案をしてきたが、残念ながら実現には至っていない。「平日開催・参加費有料」よりも「土曜日開催・参加費無料」のほうが多くの現職や学生の参加が期待できるのに、なぜ変更しないのだろうか。「慣例」「県教委との調整」「公開研究発表会（金）後の土日の私的時間確保への配慮」などを変更しない理由に挙げていたが、変更できない理由とは思えない。早めに準備すれば済む話である。現状を変えることがめんどうくさいから、安易に従来どおりに開催しているとしか思えない。と言うよりも、そもそも何曜日に開催したらよいかが眼中にないのである。

（4）　公開研究発表会の回数を考える

　附属学校園とて、公開研究発表会の開催は義務ではない。しかし、全国の附属学校園を見ると、「毎年」または「隔年」で公開研究発表会を開催している。

　研究を充実させるためには、公開研究発表会とは別に「公開授業研究会」をもっと重視すべきである。年に2～3回くらいは実施したい。

　授業研究会は、校内だけの「校内授業研究会」を週1回程度、外部の希望者も参加させる「公開授業研究会」を学期に1回程度開催したい。

　「公開授業研究会」を拡大「校内授業研究会」と考えれば、公開研究発表会のような準備をしなくて済む。「公開授業研究会」は、「校内授業研究会」にも好影響が期待できる。「校内授業研究会」及び「公開授業研究会」で学びの本質に迫る議論を積み重ねていけば、研究が深まり、公開研究発表会も充実する。

（5）　公開研究発表会の名称を吟味する

　全国的には、「発表」がメインの印象を与える「公開研究発表会」「研究実践報告会」と、「公開教育研究会」「公開研究会」「公開研究協議会」のように「発表」や「報告」が入らないものもある。しかし、内容が類似しているので、名称の違いがよく分からない。

　公開研究発表会の意義は発表ではなく、発表を材料に多様な視点で参加者と議論しながら、学びの本質や授業の在り方を探ることにある。よって、「公開研究発表会」や「研究実践報告会」などの名称よりも、「授業研究会」「授業を考える会」「教育研究会」などの「発表」や「報告」が入らない名称がふさわしい。いずれにしても、従来の名称を安易に踏襲するのではなく、公開研究発表会の内容を反映した的確な名称を考えなければならない。

（6）　公開研究発表会当日の内容を考える

①　授業研究をメインに据える

　公開研究発表会に参加すると、研究計画（研究テーマ・研究内容・研究方法など）の説明に多くの時間が割かれ、重要な実践である授業そのものの説明に

課題のあるのものが多い。

　研究の目的は授業改善であって、研究計画の説明がメインではない。よって、研究計画の説明に多くの時間を割くのはもったいない。授業はペーパーによる提案ではなく、提案授業として授業の具体的な事実を確認・共有している。研究計画に基づいて提案・公開した授業における子どもの具体的な学びの事実を基に、学びの本質に迫るための議論を深める「授業研究会」でなけれなならない。

　提案・公開された授業を話し合う分科会でも、研究計画と授業の事実を関連づけて深めることは決して多くない。提案・公開した授業における子どもの学びに迫る議論が、なかなか展開されない。分科会の時間が短いのに、提案や助言に多くの時間が割かれ、じっくり議論できる状況になっていないものもある。

　子どもの学びが深められる授業にこしたことはないが、課題の多い授業でもかまわない。重要なことは、質疑を通して、授業の長所と課題が具体的に深く読み拓かれて明確になることである。無論、提案の中身や分科会の進め方とも密接に関連する。

　分科会の時間、提案の方法、提案や助言の時間、進行の仕方などを吟味しながら、授業の長所と課題が具体的に深く読み拓かれて明確になっていく状況を作らなければならない。

②　公開研究発表会をショーやイベントにしない

　ふだんの授業とかけ離れた、大がかりで特別な授業を見せられて閉口したことがある。大がかりな仕掛けの準備に、さぞかし労力を費やしたにちがいない。ふだんできる授業とは、ほど遠い授業だった。土産、味噌汁、たくさんの飲み物なども準備されていたが、不要である。大学生や保護者もかり出されていた。そもそも、大学生や保護者が役割を担わなければならない公開研究発表会のやり方が問題である。大学生や保護者こそ、公開研究発表会に参加させなければならない。議論する場合、大学生や保護者の視点も重要である。保護者に積極的に参加を促していた附属学校もあったが、保護者を閉め出していた学校があったのは信じられない。分科会などで、自校の教員が批判されるのを危

惧したとしか思えない。

　参加者を募る労力や資料を準備する労力は避けられないが、特別な準備をするから、公開研究発表会が負担になる。ショーやイベントなら、それでよい。しかし、授業は子どもの学びを創る営みである。

　授業研究を中心とする公開研究発表会は重要である。1年や2年に1回と言わず、年に2〜3回は実施したい。年2回の「授業を考える会」を長年実施した事例がある。ふだんの授業を公開し、外部の参加者も交えて議論することに、公開研究発表会（授業研究会）の意義がある。少し人数の多い会議の感覚である。特別の準備や労力をしない、ふだん着の公開研究発表会（授業研究会）を目指すべきである。

　現職向けの研究会や講座の類いも、ハウ・ツーを学ぶのではなく、子どもの学びを深めることをテーマに据えなければならない。そうでなければ、単なるイベントになってしまう。

　いずれにしても、授業公開・研究会・講座・展示・作品展などは積極的に開催しなければならないが、ショーやイベントで終わらないためには「子どもの学びを深める」視点が欠かせない。

　作品展の開催なども盛んになってきているが、大がかりな作品展示が目的であってはならない。豊かな表現を引き出すための授業研究こそ重視すべきである。一人一人の個性が発揮された作品は展示すべきだが、作品及び作品展示はその結果に過ぎないことを自覚しなければならない。

　展示された作品（教室や廊下などの掲示物も同様）には、教師の指導力がそのまま現れる。一人一人の個性がみごとに発揮された作品か、それとも、一人一人の個性が発揮されていない作品なのか、子どもの姿を借りた教師の作品なのか、教師に作らされた作品なのか、などは簡単に見抜かれる。

　別の言い方をすれば、豊かな表現を引き出す力量のある教師の姿もあれば、豊かな表現を引き出す力量のない教師の姿もある。現象的には「子どもの作品の展示」であるが、本質的には子どもの作品を借りた「教師の指導力の展示」である。その意味で、展示は教師にとって大変厳しいことである。作品展示は、決してショーでもイベントでもない。

　公開研究発表会で学校を訪れると、廊下や教室に作品が展示されていることが多い。しかし、残念ながら、作品から子どもの豊かな心情が伝わってくるものは少ない。子どもの心情を想うと、悲しかった。学校という教育の場で、決して豊かな表現の機会が保証されていない 証 である。作品の上手下手の話ではない。子どもの豊かな心情を開花させ、子どもの学びを創造させることができたかという「教師の授業力」の問題である。緻密で、学びの本質に迫る授業研究を通して教師自身が変わらなければ、子どもの表現（作品）は決して豊かにならない。

（7）　公開研究発表会は当日で終了ではなく次へのスタートにすぎない

　公開研究発表会を終了すると、ほっとする教員が多いのは否定できない。数日は、のんびりすることもあってよい。しかし、公開研究発表会は研究の一部にすぎない。公開研究発表会で考えさせられたことを、そのままにしておくのはもったいない。直ちに、授業改善に動き出さなければならない。

　授業研究が日常化していれば、公開研究発表会は特別なものではないので、特別扱いのショーやイベントにはならない。授業力を高めていくために、授業研究を日々積極的に積み重ねていくことを重視しているからである。一方、公開研究発表会を特別なものと考えている教師にとっては、公開研究発表会が大きな負担になる。よって、公開研究発表会のために取り組んできた研究を継続するには労力的にきつくなるので、研究を日常的に深めるまでには至らない。

　授業研究の日常化とは、授業研究会や公開研究発表会を一過性のものとして捉えるのではなく、あくまでも授業改善の通過点と捉えることである。授業研究会や公開研究発表会終了後の対応に、教師の研究に対する姿勢が顕著に表れる。

　日々の研究には、公開研究発表会に費やすエネルギーの何倍ものエネルギーを費やさなければならない。教師の本音が、「公開研究発表会」が終わって「やれやれ」なのか、それとも「こうしていられないのか」が研究及の分岐点になることは間違いない。

第7章
授業記録の在り方

1 授業記録にはさまざまある

　学校で行われる授業に関する記録は、全てが「授業記録」である。「授業記録」は、個々の授業を記録したものだけではなく、1年間・学期ごと・週ごとに書かれたもの、子どもの作品や授業中の写真なども含まれる。

　授業に関するあらゆる記録をポートフォリオとして充実させるとともに、授業改善やカリキュラム・マネジメント活用につなげていかなければならない。

　1年ごとに書かれるものに、公簿として作成が義務づけられている「指導要録」がある。「通知表」は学期ごとに書かれる。「指導要録」と「通知表」の作成は、教師の義務である。

　「指導要録」の保存期間は、学籍に関する事項が20年、指導に関する事項が5年で、指導に資したり各種の証明に用いられる。指導に関する事項は、観点別評価（小学校・中学校）、評定（小学校3年以上・中学校・高等学校）、修得単位数（高等学校）、記述（知的障害の特別支援学校）により記載される。教科等の欄は狭く、子どもの学びを簡潔に書くのは難しい。子どもの指導に活かされる内容にはなりにくいので、書かなければならないから書いているのが実情である。記録することが目的化し、せっかくの授業記録が授業改善やカリキュラム・マネジメントに活用されているとはいえない。

　また、「通知表」は、保護者に子どもの学習の様子を伝えるために、学期ごとに発行される。「通知表」には、相対評価と絶対評価の両方ある。「通知表」

は「指導要録」との関連を持たせているものが多いので、子どもの学びの様子を伝えるには限界がある。

　教師の考えを伝えたり、子どもの学びの様子などを伝えるために、「学級通信」を発行している教師もいる。発行スケジュールは、定期（毎日・毎週・毎月）もしくは不定期である。さらに、幼稚園・特別支援学校・小学校低学年などでは、連絡帳で学校・家庭における子どもの情報を共有することが多い。

　個々の授業を記録する手段は、文章・スチール写真・動画（ビデオ）・作品などがある。また、方法は以下に述べるようにさまざまある。教師の視点に基づく授業記録が圧倒的に多いが、子どもの立場に立った記録に課題がある。どの記録法にも、長所や短所はある。授業のどこに焦点を当てるかによっても、記録法や記録内容は異なる。記録の目的にふさわしい記録法を考えなければならない。その際は一つに絞らずに、複数の記録法を併用することも考えなければならない。

2　授業の記録法と課題

　授業記録には、授業者が記録するもの、参観者が記録するもの、子ども自身が記録するものがある。自由に書く簡単なもの、観点を手がかりに書くもの、エピソードを書くものなど多様である。文字中心が多いが、映像（写真）を併用する場合もある。さまざまな記録法があるが、子どもの学びにどこまで迫ることができるかにかかっている。決定的な記録法はないので、試行錯誤しながら、工夫して記録するしかない。いくら工夫しても、目に見えない学びの内面の全てを捉（とら）えることは不可能である。子どもの学びの一面しか捉えることができない宿命があるので、分かったつもりになって、断定的に書いたり語ったりするのは危険である。

　子どもの学びを洞察する際は、子どもの学びの事実を見つめ、「①授業者の指示どおりに活動しただけなのか」「②『①すらできなかったのか』」「③子どもの主体的な学びに関わる試行錯誤や発見などがあったのか」「①②③の根拠は何なのか」を押さえなければならない。この際、どのような記録法であって

も、記録者の感覚や印象を大事に記録しなければならない。分析的に捉えることを優先してはならない。

　また、研究授業の参観記録は必ず書いて記入しなければならないが、通常の授業の記録は義務でないので、教師に授業改善に対する本気度が高くないと記録を書き続けることは難しい。

　記録する授業は1コマ単位が多いが、授業場面や特定の子どもなどに絞ったものもある。数年単位の記録もないわけではない。

　授業の記録上の課題として、「授業記録が確実にとられていない」「せっかくの授業記録がうまく活用されない」などもあるが、以下の2つに大きな課題がある。

　①　授業者の視点で書かれたものが多く、子どもの視点が弱い。

　②　1コマの授業を重視するあまり、長いスパンで学びを捉えることに難がある。

（1）　1コマの授業記録

　教師が担当する全ての授業で、子ども一人一人の学びの記録を書くのは大変な作業になる。空き時間がないくらい授業を担当し、昼休みもない。授業が終わると、会議になることも多い。僅かの空き時間に授業の準備をしたり、校務分掌に関わる業務などもしなければならないので、授業記録を書くための時間を確保するのは容易ではない。そのような中で、毎回、簡単でもきちんと記録をとっている教師もいるが、日々の授業記録は義務でないので、全ての授業記録をとらない教師もいる。記録する場合も、どのような形式・内容にするかは自由である。

　授業記録を書く時間をじゅうぶんに確保するのは難しいので、全ての授業を詳細に記録することは難しい。そこで、詳細に書く授業を限定し、ほかの授業は短時間で済む書式を考えて、個々の授業における「子どもの学びの状況」と「授業者のコメント」を簡潔に書くようにする。文章だけだと時間がかかるので、授業中の写真なども活用する。

1）　全員の学びを中心に記録する

　詳細に記録する方法に絶対的なものはないので、工夫しながら、試行錯誤するしかない。筆者も、何度も様式を変えてきた。30年以上も前の実践であるが、一例を紹介する[37]。

　この授業は知的障碍養護学校中学部生徒9名を対象に、美術として1コマ90分、授業者2名によって「土粘土で思い切り作る」をテーマに行ったものである。子どもの学びを創る素材として「土粘土」に着目し、数年間にわたって多くの回数を充てた。多いときは年間15回にも及んだ。

　記録用紙はB4判横長2枚で、授業全体に関わる「題材名」「内容（主題）」「期日」「同題材の累計回数」「全体への支援内容」「土粘土の使用量」もあるが、9名9段の個人ごとがメインになっている。

　個人ごとの記録は、学びの過程に関わる「学習過程」と、制作結果に関わる「作品」に分けた。そして、「学習過程」を9つの観点、「作品」を5つの観点、計14の観点で構成した。観点別に見ることが目的ではない。学びを多面的に捉えるための結果として、観点が多くなったにすぎない。

　「学習過程」の9つの観点は「①ガイダンス（支援）」「②興味・関心」「③イメージ」「④表現リズム」「⑤身体・手指の動き」「⑥道具使用」「⑦対人関係」「⑧準備・後始末・身支度など」「⑨制作の様子（作品名・制作の過程）」である。この9つの観点を通して、子どもの学びの過程を見つめようとした。「作品」の5つの観点は、「①テーマ」「②大きさ」「③形の次元性」「④ひっかき・付け加え」「⑤認知力」である。この5つの観点を通して、作品の特徴を把握するとともに、作品から子どもの心情を推測するようにした。

　実際の記録では、個々の生徒に対する次時への具体的な方針が浮かんだ場合は欄外に書いたが、欄外に書かずに、最初から欄を設けるべきであった。

ア　学習過程

①　ガイダンス（支援）

　授業者がどのような具体的支援をしたら、子どもがどのように反応したか。そして、子どもの反応はどのように解釈できるのか。今後どのような手だてが必要なのかを考えるための欄である。「発問・指示・介助など」「発問・指示・

介助などに対する子どもの反応」「反応に対する解釈・手だて」の３欄からなる。

②　興味・関心

土粘土で制作することへの興味・関心を見るもので、「1 全くなし」「2 あまりなし」「3 あり」「4 ややあり」「5 非常にあり」の５つに分けるとともに、文章による補足欄もある。

作品を積極的に作っていることにのみ目を奪われないようにする。土粘土の臭いをじっと嗅いだり、土粘土固有の冷たさを手や頬につけて味わったりするのも、土粘土に対する積極的な興味・関心である。興味・関心は目に見える動きで判断することは避ける。活発に動かしたからといって、興味・関心があると決めつけない。

③　イメージ

イメージを持って制作していたかを見るもので、「1 粘土触らず」「2 いじる」「3 形を意味づけ」「4 テーマ無関係」「5 テーマ忠実」「6 テーマ工夫」の６つに分けるとともに、文章による補足欄もある。

イメージは発達との関連がある。発達年齢が２～３歳頃は、まだ写実的な表現ができない。形（塊）に意味づけることを、重視しなければならない。テーマに添ってそれらしく作ることができるのは５歳頃以降、写実的に作れるようになるのは小学校高学年頃以降である。それも、個人差があるうえ、題材による差異もある。よって、数字が多いほどよいとは考えない。

④　表現リズム

土粘土を操作するテンポを見るもので、「1 無気力」「2 回転速い」「3 目立たず」「4 スロースタート」「5 ダイナミック」の５つに分けるとともに、文章による補足欄もある。

表現リズムにも、個人差がある。すぐに制作を開始する子どももいるが、何を作るかが決まるまで時間を要する子どももいる。また、つぎつぎに作品を作る子どももいれば、一つの作品にじっくり取り組む子どももいる。よって、「5 ダイナミック」がよくて、「4 スロースタート」などが悪いとは考えない。

⑤　身体・手指の動き

身体や指先の動かし方を見るもので、「1 あまり動かさず」「2 指先中心」「3

全身ダイナミック」の３つに分けるとともに、文章による補足欄もある。

　指先を含む身体全体を使ってほしいとは思うが、子どもが興味・関心を持って制作に取り組むことを大事にしたい。ミニチュアみたいな作品づくりに没頭する子どもは、おのずと指先中心になる。

⑥　道具使用

　道具使用の有無を見るもので、「1 不使用」「2 多少使用」「3 積極的使用」の３つに分けるとともに、文章による補足欄もある。

　あまり道具に頼らずに、手でダイナミックに操作してほしいとは思うが、道具の使用に興味・関心がある場合は、道具を積極的に使ってかまわない。

⑦　対人関係

　活動が一人か共同か、仲間の影響があるかなどを見るもので、「1 なし」「2 模倣」「3 共同」の３つに分けるとともに、文章による補足欄もある。

　一人で黙々と制作する子どももいれば、２～３人の仲間と相談して共同で作る場合もある。また、仲間の制作や作品から影響される場合もあるし、前時の仲間の作品をまねして作る場合もある。仲間の制作から影響は、集団ならではである。集団の影響や関わりをチェックする。座席の配置も影響する。

⑧　準備・後始末・身支度など

　準備・後始末・身支度などについて簡単な文章で書く。活動が充実すると、準備や後片づけなども積極的に行う。活動が充実していたかのバロメータにもなる。様子を文章で書く。

⑨　制作の様子（作品名・制作の過程）

　記録用紙では、一番多くのスペースを割いている。活動全体の様子、それぞれの作品を制作したときの様子が分かるように文章や絵で記す。

イ　作品

①　テーマ

　どのようなテーマかを見るもので、「1 操作（形・痕跡）」「2 見立て（形・痕跡）」「3 食べ物」「4 知人」「5 TV 関係」「6 動物」「7 自然」「8 道具・器」「9 ユーモア」「10 植物」「11 そのほか」の 11 に分けるとともに、文章による補足欄もある。

自由制作なので、テーマから子どもの興味・関心が分かる。支援のヒントにもなる。

② 大きさ

大きさ見るもので、「1 極小」「2 小」「3 普通」「4 大」「5 極大」の5つに分けるとともに、文章による補足欄もある。

目を輝かせて夢中になって取り組むことが重要なので、土粘土の使用量や大きさは問題にしない。土粘土の使用量も制限しない。回数を重ねると、大型化したり、装飾化する傾向がある。20kg くらいの大型作品も珍しくない。また、糸でも扱うように自由に操作できるようになると、ミニチュアのような極小の作品を作る場合もある。大きさは、回数によって変化する傾向がある。作品にならないで終わる場合もあれば、1 コマで完成しない場合もある。

③ 形の次元性

平面的か立体的かを見るもので、「1 平面的」「2 やや立体的」「3 立体的」の3つに分けるとともに、文章による補足欄もある。

平面的でも、やや立体的でも、立体的でもかまわない。その子らしく土粘土に関わることが重要である。回数を重ねていくと、立体的になっていく傾向がある。形の次元性の傾向と変化の把握は、支援のヒントになる。

④ ひっかき・付け加え

凹凸ぐあいを見るもので、「③形の次元生」とも関連している。「1 ひっかき」「2 ひっかきと付け加え」「3 付け加え」の3つに分けるとともに、文章による補足欄もある。

平面的な土粘土や立体的な土粘土に粘土ベラなどでひっかくことに興味・関心を示す子どももいれば、土粘土をちぎってくっつけることに興味・関心を示す子どももいる。土粘土の操作に慣れてくると、付け加えが多くなる傾向がある。

⑤ 認知力

具体的に分かる形になっているかを見るもので、「①テーマ」とも関連している。「1 形にならず」「2 形からイメージ」「3 イメージに添う」「4 写実的」の4つに分けるとともに、文章による補足欄もある。「ア　学習過程」の「③

イメージ」と同様に、発達との関連があるので、1～4は段階を表さない。形から認知力を把握することによって、漠然とした支援が克服できる。

　学習過程の「①ガイダンス（支援）」「⑧準備・後始末・身支度など」「⑨制作の様子（作品名・制作の過程）」以外は、記入の手間を軽減することなどもあって、3～11による数値でチェックできる様式にした。今見ると、「全くなし」「無気力」の言葉はふさわしくないと思っている。

　授業後に全ての作品の大きさを測ってから写真を撮ってプリントし、個人別にファイリングした。制作の様子も可能な範囲で写真撮影した。作品の写真は作品を一つ一つ丁寧に見ながら撮影することに心がけたので、授業中や授業記録記入時に気づかないことに気づかされることも少なくない。後日、作品や制作中の写真プリントを見て、気づかされることが多々あった。

　このような詳細な授業記録を書いたのは、子どもの学びにおける素材としての「土粘土」に着目したからである。担当している全ての授業でこのような詳細な授業記録を書くのは、時間的にも無理であった。そこで、他の授業は一人数行程度の記録に留まった。それでかまわないと思っている。どの授業も平均的でよいとは思わない。教科・領域や題材・単元に絞って、集中的かつ徹底的に試行してみることが重要である。この経験が縦糸になり、他にも活かすことができる。

　実際、簡単な授業記録を書いていたときに比べると、詳細な授業記録を書いたときのほうが子どもの学びを深く見るようになった。大事なのは、詳細な授業記録を書くことではなく、子どもの学びに迫る授業記録を考え、授業改善に活かすことである。授業記録の様式・観点は、その結果にすぎない。先行研究などを参考にしながら、授業者が実感できる、授業者にとって必然性のある授業記録を考え、根気強く記録し続けるしかない。

2）特定の場面や特定の子どもを記録する

ア　逐語記録による授業分析

　実際の授業では、言葉のやり取りがメインになる。教師と子どもの全ての会話を文字化したのが、「逐語記録」である。会話を文字化するだけなら、録音してから文字化すればよい。以前は、テープの再生と巻き戻しを繰り返さな

ければならなかったが、現在はデジタル録音したものを文字化するアプリケーションがある。

　文字化だけでは学びの様子が分からない。言葉を発したときの状況も分からなければならない。その時の雰囲気や表情から心情にも思いを寄せなければならない。さらに、「授業者の動き」や「子どもの動き」に対する解釈と、解釈に基づく具体的手だて（支援）も考えなければならない。

　そこで筆者が担当した知的障碍養護学校中学部美術「土粘土」の授業では、「①教師の動き」「②子どもの動き」「③作品」「④解釈と手だて」による逐語記録を試行した。

　「①教師の動き」と「②子どもの動き」は、同僚に記録を依頼した。「①教師の動き」「②子どもの動き」は発語に留まらず、発語時の状況が分かるように記載した。「③作品」は、授業後に作品の写真を撮影し、プリントを貼り付けた。「④解釈と手だて」は、「教師の動き」と「子どもの動き」の具体的事実から、検討が必要なものを３～４くらいに絞った。具体的事実から、その事実をあらゆる角度から解釈するとともに、今後の具体的支援などを考えるためである。

　「解釈」は、考えられる全てを列挙した。そのうえで、まったく考えられない解釈を消去した。でも、文章は残した。可能性のある解釈も、一つに絞ることはしなかった。可能性のある解釈は全て残した。そして、解釈する活動はネガティブかポジティブかの基準では選ばないようにした。あくまでも気になる活動から選んだ。拙書では、３人の事例を紹介した[38]。

イ　エピソード記述

　近年、幼稚園・保育園・特別支援学校など散見される記録法である。研究紀要・単行本・専門雑誌などで目立ってきている。

　「エピソード」には「本筋とは関係ない挿話」と「興味深い逸話」の２つの意味があるが、学びの本質に迫る優れた「エピソード記述」に触れると、挿話とは言えない。「エピソード記述」は、後者の「興味深い逸話」と考えたい。授業者が感じたことや気になったことなどの心を動かされた場面、興味を持った場面などに焦点を当て、皆で共有するために書かれる。その性格上、「エピ

ソード記述」は授業全体を書くことがない。「教師の動き」と「子どもの動き」を分けて記述したり、観点ごとに記述したりすることもしない。

　「エピソード記述」は、従来のような「授業の事実」や「授業の結果」を授業者の視点で客観的に書くのではなく、授業者と子どもの両主体の関わり、心の触れ合いの過程をありのままリアルにストーリーとして描くものである。子ども・仲間・授業者との関わりを含め、情景がリアルに浮かび上がる記述が求められる。そして、「エピソード記述」には、書き手である授業者が子どもの思いをどのように受け止めたかが反映される。授業者の感性・考え方・子どもの見方・価値観・人間観・世界観・子ども観・教育観が強く出る。映像（スチール写真やビデオ）がある場合は、活用する。

　鯨岡駿・鯨岡和子は、心の育ちの重要性から、授業者が感じたままに描きたいことを「エピソード」で記述することを提唱している。

　記述に当たっては、読み手に分かりやすくするために、「背景」「エピソード」「考察」の3点セットを提案している[39]。さらに、記述に必要な態度として「脱自的に見る態度」「感受する態度」「第3の態度」の3つを挙げている[40]。

　「脱自的に見る態度」は「そこでの出来事を脱自的に（客観的に）、それゆえ誰が捉えてもこうなるだろうという観点から捉える態度」とされ、「感受する態度」は「その出来事を自分の生きた身体が感受するがままに、ありありと、生き生きと捉える態度」とされ、「第3の態度」は「描いたエピソードが起こった出来事に本当に忠実に正直に描かれているかどうかを厳しく吟味する態度」とされる。そのうえで、「脱自的な態度で客観的に出来事を見ようと努めれば、感受する態度がなかなか取れない」とし、「脱自的に見る態度」と「感受する態度」の両立の困難性も指摘している。「第3の態度」は、「脱自的態度（客観的に見る態度）」に再帰するとしている。

　「脱自的に見る態度」は鯨岡 峻による、「発達心理学的還元」と思われる。「発達研究者は、子どもや養育者の生活の場に臨むとき一つの態度変更を迫られる。すなわち、研究者の価値観や子ども観に根差す諸判断を差し当たり保留し、対象を客観的に見て既成の知識をそこに確認しようとするような態度を還

元して、素朴にその場に臨まなければならない（発達心理学的還元）」[41]。

　同じく、「感受する態度」は「臨床的還元」と思われる。「臨床的還元」を「関与しながらの観察において、研究者は出会ってくる者の前にみずからが生き生きとした感受する身体として現前し、その者との関係を自然に生きることができ、印象受容能力を高め、その出会ってくる者におのれを開いて、そのあるがままを感受することができなければならない（臨床的還元）」としている[42]。

　鯨岡峻・鯨岡和子による「脱自的に見る態度」「発達心理学的還元」「感受する態度」「臨床的還元」は、クラーゲスの考えに照らせば「精神」が『捨我』に留まっている状態であり、「心情」がありのままに観得している状態である。吉増克實の考えに照らせば、「授業者が価値観を消し去り、子どもの生命への傾聴・共感・感動によって捉えられる子どものありのままの心（現実学的認識、31-36 頁参照）」である。

　鯨岡峻・鯨岡和子・クラーゲス・吉増克實から学ばなければならないのは、授業者が自分の価値観を消し去って、目の前の子どもの現実をあるがままに感知することである。まさに、教師の観得力・感受性である。

　また、エピソードの描き方として、「印象に残った出来事を取り上げて描く」「出来事のあらましが読み手に分かるように描く」「その出来事の背景を示す」「保育者の『受け止めて返す』部分を描くことが大事になる」「このエピソードを取り上げた理由を最後に付す」ことを求めている。読み手にも、謙虚な態度を求めている[43]。

　授業中の活動から、心の動きをありのままに描くのは簡単ではない。描いたものを共有し、議論を通して磨かれていくものである。磨かれるのは、描き方のみならず、教育や保育の在り方であり、授業力・保育力である。

　一方、「客観的な事実を列挙しているだけのもの」「1 つの事柄 1 行で、数行のもの」「結果のみを書いているもの」など、安易に「エピソード」と題している研究紀要なども散見される。子どもの様子を書けば、全てが「エピソード」であると勘違いしている。

3） 授業の参観記録

研究授業では授業参観者が授業参観記録を書き、研究授業後に開かれる授業研究会で授業参観記録が活用される。授業参観記録には、「自由に文章で書くもの」「決められた観点に基づいて書くもの」「大きめのポストイット１枚に１つの内容を書き、複数枚に及ぶもの」など多様である。

重要なことは、授業の教師と子どもの動きから、子どもの学びをどこまで洞察できるかである。

筆者が書いた実際のものは、拙書で紹介した[44]。そこでの「授業参観の視点」には、次の９つの欄がある。内訳は、「①題材」４欄、「②指導の手だて」２欄、「③生徒の取り組み」１欄、「④指導案」１欄、「⑤そのほか」１欄である。各欄の具体的観点は、以下のとおりである。

① 題 材

「実態把握」

教師の願い、発達の視点、課題の把握、適切さ、障害特性への配慮、個人差への対応。

「内 容」

判断の尊重（失敗の許容）、発展性、多様性、活動内容や過程の豊富さ、成就感、表現場面の確保。

「能動的活動」

任せる場面、判断を求める場面、やらざるを得ない状況、表現する場面、解決の見込み。

「教材・教具」

材料、素材の適切さ、操作性、道具の使用、発展性、多様性、量、手ごたえ。

② 指導の手だて

「実態把握」

障害特性への配慮、個人差への対応、課題と手だての適切さ、行動の解釈、評価。

「具体的支援」

・静観、発問、再生、点検、注視、選択、相談、修正、示範、説明、補助、

介助、集中、促進、激励、称賛、これらが適切に行われたか。

・タイミング、間、リズム、口調、表情、しぐさ、全体と調和、雰囲気づくり、TT の連携、分担。

③　生徒の取り組み

意欲、自発性、自主性、集中力、判断、気づき、創意工夫、試行錯誤、対人関係、協力、発言、相談、報告、意思表示、表情、成就感、自己評価。

④　指導案

（設定理由）目標と評価の構造、手だての明確さ、論理の一貫性、表記。

⑤　そのほか

これらの観点は、授業者から示された授業を参観するための観点である。これらの観点の全てに書く必要はない。授業参観者が漠然と授業を参観するのを防ぐために、参観の観点を参考までに示している。

授業参観者はこれらの観点を参考に、「①気がついたことに関わる授業での具体的事実」「②気がついた具体的事実に対する解釈と根拠」「③具体的な改善方法」などを書いて提出する。

参観者には学びの洞察力が反映されるが、真剣かつ率直に感じたことや気づいたことなどを率直に書くことが求められる。

授業研究会で参加者一人一人が感想を述べるとそれだけで時間を要するので、提出された授業参観記録は印刷して、授業研究会前に配布したい。データで提出してもらえば、ハサミによる切り貼りやコピー機による縮小をしなくても、パソコンで簡単に編集できる。そのまま全員分を印刷してもよいし、観点ごとに全員分を並べ直して印刷することも可能である。

授業研究会を研究授業当日に開催するよりも、データの編集と印刷する時間や印刷・配布された授業参観記録を各自がじっくり読む時間を確保するためには、後日開催したほうがよい。後日なら、司会者が授業者と相談しながら、授業研究会の構想を練ることもできる。

4）子どもによる自己評価

子どもによる自己評価には、「授業中のもの」と「授業後の振り返り」がある。文章が書ける子どもの場合は、文章で自己評価させる場合がある。仲間の

前で、発表させることもある。自由に書かせたり、発表させたりする場合もあるが、「がんばったこと」などの観点を示して書かせたり、話させたりする場合が多い。中には、自己評価に時間をかけすぎると思われる授業も散見される。「授業後の振り返り」の自己評価は、「時間が経ってから行われる」「言語活動を中心に行われる」「結果に目がいく」などの欠点がある。

「『自己評価』＝『授業後の振り返り』」の考えは、捨てなければならない。授業過程における「つぶやき」「表情」「雰囲気」など、その場での判断材料こそ大事にしなければならない。それを、授業終了時に再確認することはあってもよい。

自己評価は子どもに全面的に委ねるのではなく、教師が介在して、学習過程における個々の子どもの学びを確かめるとともに、確認した内容を子どもや仲間と共有しなければならない。

（2）　長いスパンの授業記録

授業記録は、1コマの授業中心に行われる。授業担当者が変われば、引き継がれないことが多い。ポートフォリオによってそれまでの学びの状況が分からなければならないが、ポートフォリオが充実している学校は少ない。指導の継続、長いスパンでの学びの把握は必要なのに課題が多い。

「1コマの授業記録」「授業研究会での議論」「研究活動の成果」などをつなげて、長期の視点で学びの変化や子どもの成長を把握しなければならない。

図3は、「土粘土」作品の長年の変化である[45]。事例1が4年間、事例2が6年間である。この他にも、たくさんの作品を作っている。結果としての作品であるが、このように作品を並べて見ただけで学びの状況、心情の高まりが伝わってくる。写真記録がなければ、このような変化を具体的に確認することはできない。事例1・事例2とも、知的障碍養護学校中学部及び高等部の美術及びクラブ活動で多くの回数、土粘土に触っている。トータルで使用した土粘土は、相当な量である。

事例1の1年目の作品は「顔」である。これは筆者である授業者から「顔」のテーマを示されて作った作品である。当時は、テーマを決めて作らせるこ

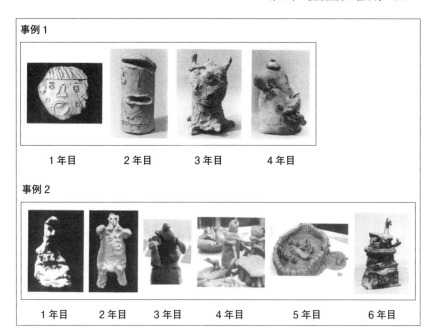

図3　長年の変化

とにあまり疑いを持っていなかった。しかし、先行研究から、子どもの学びにとって、可塑性に優れ、自由に形を変えることができる「土粘土」は自由制作が望ましいことを知る。そこで、2年目からは自由制作にした。2年目の作品は、土練機の形である円筒形がはっきり残っている。3年目の作品は、土粘土の円筒形が少し感じられる。4年目の作品は、土粘土の円筒形がまったく感じられない。2～4年目の変化は、土粘土に触る時間に比例して、土粘土を自由自在に扱えるようになった 証 である。自分の心情を思うままに造形にしていったのである。

　回数を重ねるほど、土粘土を 意 のままに操作するようになり、成就感や充実感が高まる。そして、何よりも自信を持って学校生活や家庭生活を送るようになってきている。1年目の作品だけを見ると、子どもなりの個性が出ているからよいと思うかもしれない。しかし、4年目の作品を見せられると、なぜ1年目から土粘土に自由に触らせなかったのかが悔やまれる。4年目の作品が生

まれて、4年間でこれだけ変化・成長できることを教えられた。経験知である。4年間の変化を目の当たりにして、はじめて1年目の問題点が実感できる。教師の経験知の怖さを思い知る。

事例2の1年目の作品は、糸で切ったり、粘土ベラをたくさん刺したり抜いたりしている。2年目は平面的なロボット、3年目は立体的なロボットである。4年目になると複数のロボットを作って、長いヘビと絡める。ストーリーが生まれる。5年目は自分の家を作り、部屋の中央に亡くなった父親が横たわり、家族が取り囲んでいる様子を再現している。この作品には、この後で屋根が付けられる。6年目は塔のような家に、数匹のヘビが絡まっている。事例2も事例1と同様に、土粘土に触るにつれて自由自在に土粘土を操作していることが分かる。自己肯定感の高まりも、強く伝わってきた。

（3）　写真記録

写真には、「静止画（スチール写真）」と「動画（ビデオ）」がある。撮影者は、通常の授業は授業者、研究授業や参観授業は同僚などが多い。

フイルム時代は、ピントや露出を合わせなければならなかったが、今はピントや露出が自動化され、シャッターを押すだけで誰でも失敗のない写真を簡単に撮ることができる。カメラだけではなく、携帯電話やタブレットなどでも撮ることができる。枚数も気にしないで撮れるので、便利になったものである。

文字だけの授業記録には限界がある。写真記録と併用することによって、文字だけでは伝えられないことを伝えることができる。しかし、子どもの心情を捉えた写真を撮るのは難しい。写真の撮り方も、研究対象にすべきである。

①　写真には撮影者の感性が反映される

写真は場面を切り取る宿命があるので、切り取り方に撮影者の感性や価値観が表れる。同じ対象でも、撮影者によって違う印象の写真になる。

写真は撮影者が心を動かされた瞬間にシャッターを押さなければ、単にものが写っているだけの風景写真になる。

林竹二の教育実践を10年間記録したフリー・カメラマン小野成視によって撮影された、青森県十和田市立三本木小学校の授業記録『ひかりは たもち 授

業を創る ― 三本木小学校でおこったこと』[46]がある。子どもや教師の表情から、それぞれの心情がストレートに伝わってくる。子どもと教師の生命が輝きにあふれている。それらの写真には、子どもと教師の生命に共感する撮影者の姿がある。レンズ越しの写真なのに、まるでその場にいるようである。このような授業を目指さなければならない。同時に、子どもや教師の心情に心を開き、心情の動きを敏感に観得できる撮影者でなければならない。

②　写真撮影には授業中と授業後がある

　授業中の写真が多いが、学習の結果として残るものも撮影しておかなければならない。残るものには、「作品（造形・手芸・工作など）」や「作文」などがある。残るものは、授業後にじっくり撮影すればよい。

　授業中の写真は、授業者以外が撮影する場合はよいが、授業者が撮影する場合は制約がある。授業に支障のない範囲でかまわない。授業中の写真撮影も義務ではないので、撮影するかは授業者に委ねられる。撮影しなくても済む。筆者の経験からも、授業に夢中になっていれば時間があっという間に過ぎる。写真を撮る意志があれば、枚数に差があっても必ず撮れる。要は、授業者の意志しだいである。

　筆者は、「土粘土の制作に夢中になっている姿」と「土粘土の作品」を1頁または見開き2頁に収めた写真集『豊かな心情の世界 ― 土粘土による制作過程と作品 ―』[47]を編集したことがある。「作品」の写真だけでもある程度子どもの心情が推測できると思うが、制作中の写真を添えることによって、子どもの生命が輝いているのを伝えられると思ったからである。制作中の写真と作品の写真を合わせると、いっそう学びの状況が伝わってくる。「制作中の写真のみ」や「作品の写真のみ」では伝わらないものがある。

③　作品の写真撮影は簡単ではない

ア　平面作品

　平面作品は色彩が鮮やかに写るように、明るい照明下で撮影する。人工照明の場合は、1灯ではなく2灯は必要である。自然光の場合は、レフ（反射板）などを使う。額縁に入れた作品は、ガラスやアクリルの反射を防止するために、額縁から外して撮影する。ただし、アクリル絵の具などの場合は、額縁に

入れなくても、絵の具自体が光りを反射して光ることがある。この場合は、暗室で撮影する。反射しない照明の位置を探るとともに、撮影機材や撮影者が写り込まないように黒づくめにすることも必要になる。

　発表された作品の写真を見ると、傾いていたり、余分なものが写っていたりなどの、不鮮明なものが散見される。これは撮影した写真をそのまま使っているからである。

　作品は全体を写すために、実際に写る画面よりも少し小さく写さなければならないので、作品の外側の余分なものまで写る宿命がある。撮影後にパソコンで、傾きを直し、余分に写り込んだものを削除する。

　また、カラーで撮影した写真をそのままモノクロで印刷すると、赤と黒の区別がなくなったり、黄色の形が分からなくなったり、全体に濃くなったり、コンストラストが甘くなったりすることがある。赤と黒を区別したり、黄色が分かるようにするには、写真用アプリで色の置換などの色調補正を試みる。全体に濃くなったり、コンストラストが甘くなったりする場合は、明るさとコントラスト、ヒストグラム、トーンカーブなどの色調補正をして、できるだけ作品の生命が伝わるようにする。撮影した写真をそのまま使うのは、子どもに対して、子どもの心情に対して失礼である。写真の扱いにも、教師の姿勢が具現される。

　　　イ　立体作品

　平面作品は照明などに配慮すればよいが、立体作品は照明だけでなくアングルにも神経を使わなければならない。どの角度から撮影すれば作品の生命が伝わるか、どのように照明を当てれば土粘土などの表情が写るかを考えなければならない。指紋が残っている場合は、指紋も鮮明に写るようにしなければならない。さまざまな角度から照明を当てすぎて、立体感を損ねてもいけない。経験的には、自然光もしくは1灯程度の人工光が望ましい。また、光りの反射を部分的に補正するには、小さな鏡も効果的である。

　撮影後にパソコンで作品を切り抜く場合はよいが、切り抜かない場合は作品の生命となじむ背景紙を選ばなければならない。背景紙は数色準備したい。

　土粘土作品の写真は、プロ・カメラマン井上隆雄によって撮影された作品

の存在感と生命力に圧倒される。モノクロでは『土に咲く —美のメッセージ、障害者施設から。』[48]、カラーでは『遊戯焼生の象形 —麦寮生の足跡から』[49]がある。このような、子どもの心情がリアルに伝わる写真を目指さなければならない。写真には、子どもの生命の 徴 である作品に対する撮影者の姿勢が顕著に表れる。

　なお、作品及び制作中の写真撮影は、子ども（保護者）の許諾が必要である。また、公表する場合、作品の写真は著作権・著作者人格権、制作中の写真は肖像権が発生するので、子ども（保護者）の許諾を得なければならない。安易に撮影したり、公表してはいけない。

第 **8** 章

研究発表の在り方

　研究は、自分にとって必然性がなければならない。そして、自分の気持ちや考えを率直に表現しなければならない。自分に誠実な研究は、形式・内容構成・文章などに多少の難があっても心に響いてくる。なぜなら、自分に誠実な研究は我欲（精神）に支配される研究ではなく、自分の中から沸き上がってくる必然性があるからである。

　いくら見た目がよくて、形式や文章に優れていても我欲に支配された研究は心に響いてこない。業績づくりが目的だったり、見栄えを気にしたり、取り繕ったり、誇張したり、知ったかぶりをするのは最悪である。我欲に支配されない、自分に誠実な研究であっても、形式・内容構成・文章などはきちんとしているにこしたことはない。意識して勉強し、身に付けていかなければならない。

1　心打たれる研究発表には共通点がある

　他人の研究発表をどのように受け止めるかは、自分の感受性や理解力に左右される。したがって、同じ研究発表でも触れる人によってさまざまとなる。しかし、誰にも感動を与えない研究発表もあれば、多くの人に感動を与える研究発表があるのも事実である。感動を与える研究発表には、次の７つの共通点がある。

　・授業の本質に迫ろうとする情熱にあふれている。

・義務や業績づくりではなく、主体的かつ自主的に行われている。

・借り物ではなく、独創性がある。

・切実さや必然性がある。

・授業における子どもの輝きを意識している。

・活発な授業研究（会）がベースにある。

・長いスパンで取り組んでいる。

一方、感動しない研究発表は、これらの逆を考えればよい。

・授業の本質に迫ろうとする情熱が伝わってこない。

・義務や業績づくりのために行われている。

・借り物で、独創性がない。

・切実さや必然性がない。

・授業における子どもの輝きが意識されていない。

・授業研究（会）が低調である。

・そのときの思いつきで取り組んでいる。

2　切実な力量不足感がなければ研究はほんものにならない

　執筆は完成時の達成感もあるかもしれないが、決して楽ではない。怠け者には書けない。楽ではないうえに義務ではないので、教員の研究は極めて低調である。これが、現実である。

　低調な要因として、教師として力量不足を実感していないことが挙げられる。無論、口先では「自分は、教師としてはまだまだである」と、教師としての力量不足（未熟さ）を認めている教師がほとんどである。しかし、本心として「自分はそこそこ研究している」「自分はそれなりにやっている」「他の教師に比べて力量が特段劣っているとは思っていない」「日々忙しいので、研究にあまり時間をかけられない」などが透けて見える。

　しかし、教師は力量を高めるために、自分の「研究」や「実践」を積極的に発表しなければならない。研究や実践を発表することによって、まず、自分が

実践している教育を見直すことができる。さらに、自分の発表を見聞した人からの批評によって気づかされることも少なくない。

　公開研究発表会の研究紀要のような義務としての研究発表は別として、主体的・自主的に行われる著書・論文・実践記録などの研究は義務ではないので書かなくても済む。日常の授業や業務に追われていると、書かないままに時が過ぎる。書くには時間もいる。拘束される勤務時間・睡眠・食事などの時間を除くと、残る時間は限られている。人は誰でも、等しく1日24時間しか与えられていない。人並み以上の研究をして発表するためには、人が遊んでいたり、テレビを視聴していたり、寝たりしている時間などを充てるしかない。研究のための時間の必要性を強く意識して確保し、確実に研究を積み重ねられるかが鍵を握る。研究してまとめることは、教師の怠け癖を防止する効果もある。怠け癖の本質は、子どもの生命が輝く授業の探究を放棄することである。

3　研究には子どもの視点が不可欠である

　研究発表に触れても、心に響いてこないものも少なからずある。大学教員は研究業績が問われるため、著書・論文の執筆に拍車をかけている。研究業績づくりのために研究が自己目的化し、子どもの姿が見えない、教師独りよがりの研究になりがちである。このような研究は、教師の自己満足にすぎない。

　教師の研究は本来、理論的であれ、実践的であれ、子どもの生命がより輝くために行われなければならない。よって、研究テーマや内容は教師の独りよがりのものではなく、子どもを強く意識したものでなければならない。どのようなテーマや内容であっても、それなりの形に仕上げることは可能である。論文の体裁が整っていても、内容が魅力的で読者の心に響くとはかぎらない。

　教師にとっての研究は、子どもの生命が輝いているかを厳しくチェックし、更なる子どもの輝きを探究するためでなければならない。業績づくりのための研究、研究のための研究は願い下げである。

4 文章力を磨く

　きちんとした論文や著書の原稿を書いたことのない人の、著書用原稿を見せてもらったことがある。思いは強く伝わってきたが、文章は稚拙だった。自分なりにチェックしてみたが、修正が望ましい箇所の多さに収拾がつかなくなり、途中で投げ出した。編集担当者の苦労は想像を絶したが、とてもよい文章になって図書が刊行された。

　しかし、原稿の未熟さは責められない。なぜなら、我々は大学卒業までに文章力をきちんと磨く機会がほとんどない。まして、審査のある論文や編集担当者に厳しくチェックされる原稿を書いたことがなく、書いても実質チェックされることのない原稿だけ書いてきた人ならなおさらである。

　研究発表は、図・表・スチール写真・動画・音声・教材の実物・子どもが書いたものや作品なども併用されることが多いが、書き言葉であれ、話し言葉であれ、言葉がメインになる。言葉は、考え方や思いを伝えるために極めて有効なツールである。教育者や保育者にとって、考えを伝えたり、実践などをまとめたりするうえで、言葉は大きな比重を占める。しかし、目に見えない考え方や思いを言葉で伝えるには限界があることを自覚しなければならない。しかも、自分の考え方や思いを言葉にのせても、受け止め方は相手によってさまざまである。

　大学勤務時に、「読点はどこに打てばよいのか？」と同僚に尋ねられて驚いたことがある。作家は師や編集者から指導及びチェックを受けるので、文章力が高まる。しかし、教員は学生時代や教職に就いてからも、例外を除いて、文章を厳しく指導されることは極めて少ない。

　大学教員が書くことの多い、学部紀要や学会発表の原稿が修正されることはめったにない。学会論文も、内容などはチェックされても、一字一句までチェックされることは少ない。そもそも、大学教員は学会論文や図書の執筆が決して多くないので、磨く機会が少ない。

　学校教員も、学習指導案や公開研究発表会の研究紀要の原稿を一字一句厳し

く修正されることはあまりない。卒論は指導教官にもよるが、文章の一字一句まで厳しくチェックすることは少ないと思われる。そもそも、日本の大学には日本語の授業科目がないし、授業で課すレポートの類いも内容はチェックしても、一字一句まで厳しくチェックすることは現実的ではない。

　このように、学生時代も、教職に就いてからも文章力を磨くための環境にはなっていない。そのため、文章力を磨く機会の少ない人が多い。厳しいチェックを受けたり、文章力向上の意欲が強い教員の文章はおのずと磨かれていくが、大学の学部教員・大学院教員・学校教員に関係なく、自己流のままに時が過ぎる教員が多い。

　言葉は万能ではない。しかし、言葉以上の手段はないので、言葉を使わざるをえない。使う言葉を吟味し、簡潔明瞭で、分かりやすい言葉の使い方を磨き続けるしかない。

（1）　自分の文章へのこだわりが文章力の向上を妨げる

　文章は基本的に、書く人の自由である。人にとやかく言われる筋合いのものではない。

　しかし、美文もあれば悪文があるのも事実である。自分しか読まない文章は、どのような文章でもかまわない。しかし、第三者が読むことを想定した文章は、簡潔明瞭で分かりやすくなければならない。

　とは言っても、人間は自我が強いので自分の文章に固執する傾向が強い。よって、授業を本質的に変えるのと同様に、身に付いた文章の癖を変えるのは容易ではない。授業も文章も、本質的に変えていこうとする姿勢、他から謙虚に学び続ける姿勢がなければ変わっていかない。文章力の向上は、その人の姿勢に左右される。

（2）　文章力を磨く機会がない

　学校では、漢字の意味よりも漢字そのものを覚えることがメインになっている。読解力に関わる題材もあるが、漢字の語源や意味、文章の書き方をきちんと学ぶ場になっていない。小学校で漢字を習い始めるときに、漢字の筆順や書

き方だけではなく、漢字の意味をきちんと学ばせなければならない。

　大学も英語や第二外国語の授業はあっても、母国語である日本語の授業はない。大学生はレポートを書いたり、卒論を書いたりする。提出されたレポートは内容の評価がメインとなる。誤字のチェックはされても、文構造・句読点・漢字などの使い方まで朱書されて返却されることはない。

　このように、小学校・中学校・高等学校・大学に至るまで、漢字の意味を覚えたり、文章力を根本的に磨く機会がない。そのときどきの担当教員に力量がないので、教えられないという事情もある。

　大学を卒業して教員になると、学習指導案・学級経営案・指導計画案・週案・通信簿・指導要録・学級通信・連絡帳・行事計画案・研究紀要など、文章を書く機会が多い。しかし、これらは誤字脱字や個人情報などに関することはチェックはされても、基本的に一字一句まで厳しく修正させられることは少ない。よって、本人が努力しなければ文章力が向上せず、自己流の文章のままになる。

　ベテラン教員だからといって、文章力があるとはかぎらない。さらに、一字一句厳しくチェックするのはチェックする側にエネルギーが伴うとともに、チェックされる側が嫌がることも予想される。お互い切磋琢磨して、文章力を磨く校風のある学校はあるのだろうか。

（3）　文章力を磨く機会を積極的につくる

　自分の文章が修正されないものばかり書いていると、自分が書いた文章はよい（合格）と思っているから文章力の向上は期待できない。では、どのようにすれば文章力が向上するのだろうか。どのような機会があればよいのだろうか。

①　手本を探してまねる

　作家は師や出版社（編集者）から厳しくチェックされる。美文で著名な小説家の生原稿を見る機会があった。ワープロやパソコンがなかった時代なので、原稿用紙にペンで書かれていた。書いた後のペンによる修正跡及び朱書きの多さに驚愕した。著名な小説家なので、文章力があり、修正は少ないと思い込ん

でいた自分が恥ずかしかった。身を切るような推敲の跡に、美文の根拠を思い知らされた。

　新聞などの原稿も、社内で二重三重の校閲・校正がある。よって、分かりにくい文章には決してならない。大手新聞の社説なども手本になる。

　図書や新聞などの文章で手本にしたいものがあったら、分析してまねる。ただし、手本としたい文章に出会うためには、ふだんから活字に慣れ親しんでいなければならない。読書の量と質が問われる。

②　文章力のある身近な人に一字一句チェックしてもらう

　自分の文章は基本的によいと思っているので、自分の文章の長所や課題に気づきにくい。そこで、自分よりも文章力のある身近な人に一字一句厳しくチェックしてもらうのも効果がある。著書や論文などは、不特定多数の人が見る。誰が見ても分かりやすい文章でなければならないので、専門が自分と違ってかまわない。

　問題は、自分の文章を晒す勇気があるか、自分よりも文章力があって厳しいチェックを頼める人が身近にいるかである。

③　一字一句チェックされる場所に発表する

　出版社（単著・共著、専門雑誌）、学会論文、新聞などに積極的に発表する。出版社は、編集者が内容や一字一句を厳しくチェックする。編集者による差異はあるが、提出した原稿がそのまま掲載されることはない。学会論文も学会誌によるレベルの差はあるが、投稿した原稿は審査される。不掲載となることも珍しくない。修正指示があることも少なくない。ただし、学会誌は論文を審査する人が変われば、審査結果が変わることはありえる。新聞原稿は、新聞社内で何段階もチェックされるので、修正されることが多い。

　出版社であれ、学会であれ、新聞社であれ、原稿の完成度はチェックする人間の能力に左右されるので、絶対的なものにはならない。しかし、自分の原稿が第三者のチェックを通して洗練されるのは事実である。

　学校内で配布される資料、研究会資料・公開研紀要・要覧などの学外に配布する印刷物の類いは細部まで厳しくチェックされることがないので、実質ノー・チェックである。ノー・チェックのものばかり書いても、現状では仕事

が務まる。いつまでも自己流の文章のままとなり、文章力が抜本的に向上することはない。

　出版社・学会・新聞社などの原稿も義務ではないので、書いても書かなくても教師は務まる。しかし、出版社・学会・新聞社などの原稿を書くと必ずチェックされるので、自分の文章が修正される。修正を通して、自分の文章の欠点に気づかされる。厳しくチェックされる回数に比例して、自分の文章が鍛えられ、以降に生かされる。

　残念ながら、図書を出版したり、学会論文などのチェックされる原稿を執筆する学校の教員はごく一部に限られる。学会に加入している教員は、ひと握りである。附属学校の教員は、公開研究発表会がらみの研究紀要に執筆する。厳しくチェックされることのない研究紀要に仕事として原稿を書くことはあっても、厳しくチェックされる図書や論文などを書いている人は少ない。

　主体的・自主的な研究に積極的に取り組み、その研究成果を図書や学会論文などとして活発に発表していけるかが、文章力向上の鍵を握る。

　　④　文章力向上のための研修会を行う

　校内研修は、授業に直接関わるものが中心になっている。その他には、近年の社会状況を反映した「ハラスメント（いじめを含む）」「個人情報保護」「災害などに関わるリスク・マネジメント」などもテーマになっている。

　しかし、文章力向上をテーマとした研修会を開催している学校はあまり聞いたことがない。それは、学校課題の一つとして、文章力の向上が切実になっていない 証（あかし）である。外部講師による文章力を磨くための研修会を、定期的に実施する必要がある。そのうえで、書いた文章をチェックする体制をつくっていかなければならない。

（4）　文章作成上の留意点

　公表されている紀要・図書・論文・資料などを見ると、「長すぎるセンテンス」「曖昧な文構造」「語尾の不統一」「不自然な読点の位置」「不要な記号」「見出しの数字の後の不要なピリオド」「書名及びカギ括弧に中の括弧を表す括弧（『』）の誤用」「けい線の誤用」「口語体の使用」「常用漢字への非準拠」「過剰

に丁寧な言葉」「段落の少なさ」などが散見される。

　学校なども組織として、出版社や学会及び官庁などの「執筆要領」や「公文書作成の指針」などを調べて、きちんとした「執筆要領」を整備する必要がある。

　よい文章の条件には、「簡潔かつ明瞭で分かりやすい」「見やすい」の２点が挙げられる。さらに、「読点や記号の正しい使い方」や「常用漢字への準拠」なども求められる。

①　文章が簡潔かつ明瞭で分かりやすい

　「文構造がしっかりしている」「句読点や段落が正しく使われている」「語尾がそろっている」「話し言葉が使われていない（口語体ではなく文語体になっている）」「漢字と平仮名の使い分けができている（改定常用漢字に依拠している）」など、簡潔明瞭で分かりやすい文章を書くには努力が要る。

　簡潔かつ明瞭で分かりやすい文章の条件として、以下の９つを挙げたい。

①　文構造がしっかりしている。

②　一つの文章が長くない。

③　話し言葉（口語体）や不要な言葉がない。

④　ら抜き言葉が使われていない。

⑤　必要以上に丁寧に書かれていない。

⑥　語尾が統一されている。

⑦　句読点や記号が正しく使われている。

⑧　段落がしっかりしている。

⑨　常用漢字に準拠している。

　私文書はどのような文章でもかまわないが、公にするもの（授業で学生に配布する。会議の資料として配付する。対外的に発表するなど）は、簡潔かつ明瞭で分かりやすい文章でなければならない。触れる人の模範となるものを目指したい。

　下書きの段階から簡潔かつ明瞭で分かりやすい文章を書ける教員は、相当文章力のある教員である。しかし、多くの教員は下書きを見直して修正する作業を繰り返さなければ、よい文章には仕上がらない。どのように見直すかが鍵を

握る。

　文章は、これ以上直しようがないと判断できるまで推敲を重ねなければならない。文章を書いてから誤字脱字がないかをチェックして終わるレベルではなく、文章を書いた時間の数倍の時間をかけて修正を繰り返さなければ決して美しい文章にはならない。

　文章を徹底的に吟味・推敲して、これ以上直しようがない文章に仕上げる努力が問われるとともに、美文を分析して採り入れることや、身近に一字一句厳しくチェックしてくれる人がいるかどうかが重要になる。

ア　読点の使い方を知る

　句読点の使い方は、小学校で学ぶ。しかし、極端に読点が多い人、逆に読点が極端に少ない人、読点を打つ場所に疑問がある人も散見される。句点は文の終わりに打つので問題ないが、読点は原則を理解したうえで使わなければならない。

　読点は、原則として、「主語の後」「接続詞の後」「接続助詞の後」などに打つ。読点（、）でなく、カンマ（,）を使う場合もある。ただし、重文はそれぞれの主語の後に打つと読点が多くなるので打たない。

イ　記号の使い方を知る

　『』が書名を表すことを知らない大学教員がいることに、驚いたことがある。音楽・美術・体育などの実技系教員で、あまり論文などを書いた経験がないとありえる。

　（　）は前の言葉の補足、・（中黒）は並列に使うことを理解していない人もいる。また、見出しなどを、〈　〉や〔　〕でくくったり、◎、☆、◇、●などの不必要な飾りを付けている例も見られる。文字と同様に、記号の類いも不要なものは削除する必要がある。

ウ　けい（けい線）の使い方を知る

　表の全てのけいが細いもの（表けい）も散見される。外枠を少し太くしないと表が安定しない。また、外枠が太すぎて外枠が極端に目立つものも散見される。表の中の情報が重要なのに、外枠が目立つのはよくない。

　JIS 規格では、外枠を裏けいまたは中細けい、中枠を中細けいまたは表け

い、一つの枠（項目）をさらに分ける場合は点線を使うことになっている。この JIS 規格を知らないので、自己流の見にくい表になっている。きちんとした出版社の図書に掲載されている表は、とても見やすい。JIS 規格に添っているからである。見やすいので、けいの太さまでは意識が向かない。

エ　ピリオドの使い方を知る

項目番号の後に、ピリオドを打っているものが多い。ピリオドは、文末もしくは以下を省略する場合に使う記号である。1 の後にピリオドを打つと、1 で終わりでもないし、1 の後の「番」や「号」や「位」などを省略しているのでもない。機械的に番号を付しているだけである。よって、1 や（1）や①などの後に、いちいちピリオドを打つ必要はない。

年月日の省略にピリオドを使うのはいが、「年」と「月」の省略にピリオドを使っても、「日」を省略したことを表すピリオドを忘れているのを多く目にする。これは、ピリオドの意味を理解していないことに起因する。

②　常用漢字に準拠している

漢字は当て字が多いので、注意しなければならない。学会誌や出版社の執筆要領に、常用漢字を使うことが明記されているところが多い。公文書も、常用漢字を用いるとされている。常用漢字は昭和 56 年に制定され、29 年後の平成 22 年に改訂されている。法令・公文書・新聞・雑誌・放送など、社会生活における漢字使用の目安とされる。

常用漢字は「常用」なので、「①漢字本来の意味でない場合は、仮名にする」「②難しい漢字は読めない人がいると困るので、平仮名にする」の二大原則がある。①は「漢字の意味に合致した使い方」なので、当然である。②は常用漢字に載っている漢字を基本としながらも、必ずしも厳密に考える必要はない。漢字の使用を制限する弊害もある。難しい漢字、読みにくい漢字にルビを付ればよい。また、マスコミ（日本新聞協会など）は独自に定めているので、常用漢字とは一致しない場合もある。

大学の規程類が、全て「および」になっているのに驚いたことがある。「及び」は仮名書きの「および」もあるが、法令や公用文では漢字の「及び」を用いるとされる。大学の規程類も、漢字の「及び」でなければならない。「およ

び」になっている理由を確認したら、それまで「及び」になっていたのに上層部の指示で「および」に変えたようである。大学の事務を司るのに、法令や公用文では「及び」にしなければならないのを知らなかったのである。さらに、規程の変更は字句であっても教授会や評議員会などに諮られるのに、出席者の誰一人として指摘しなかったのである。筆者は気づいたので、指摘した。その後、規程の改正に合わせて、本来の「及び」に戻すことが続いた。

　漢字がよいのかそれとも仮名がよいのか自信がないときは、そのつど常用漢字に準拠した『例解辞典』で確認するしかない。ただし、理由までは書かれていないので、当て字などの誤用の場合は漢和辞典で漢字の意味を確認すると納得できる。

　漢字と仮名の使い分けは、職業や身分に関係なく、大多数が誤った使い方をしている。小学校で漢字を覚える際、漢字の意味から、漢字でよい場合と仮名がよい場合を教えなければならないが、書き取りによって、筆順や書き方を覚えることが主になっている。漢字と仮名の使い分けをきちんと学ばないまま、大人になる。大人になっても、学ぶ機会がないので、間違った使い方のままになる。大多数が誤った使い方をしているし、通じるので、間違った使い方をしていることに気づかない。ただし、常用漢字を絶対視すべきであるとは思っていない。常用漢字の使い方を理解したうえで、柔軟に使うことはあってもよいと思っている。

　柔軟に使う場合でも、漢字の意味と異なる使い方はよくない。正しい意味なら、必ずしも常用漢字にとらわれなくてもよいと思っている。常用漢字表にない場合は、常用漢字に添えば平仮名だが、漢字にルビをふってもよいと思っている。例えば、「癌」は常用漢字ではないので常用漢字に従うと「がん」になるが、「癌（がん）」でもよいと思っている。また、「障碍者」の「碍」は常用漢字でないので、常用漢字に従うと「障害者」になる。行政では「障害福祉課」「障害者雇用対策」など、「障害」が使われている。しかし、「害」を人に使うのはよくないとの考えから、「害」を平仮名にした「障がい者」の表記が散見される。「障がい者」でもよいが、「障碍（がい）者」でもよいと思っている。

　パソコンで入力して漢字変換をかけると、平仮名が望ましくても強制的に漢

字変換してしまうので、注意が必要である。

ア　そもそも漢字の意味を理解していない

　大学のDP（ディプロマ・ポリシー）を見て驚いたことがある。「知識や技能の修得」が「知識や技能の習得」になっていた。「習得」は「習って覚える」意味で、運転技術や機械の操作方法などの場合に使われる。お稽古事もしかりである。それに対して、「修得」は「学んで身に付ける」意味で、学問（知識や技能）などに使われる。学校、まして大学における学問とは、学生が自ら学んで知見を身に付ける「修得」の場所である。

　変換ミスで済まされる話ではない。冊子として学生に配布される『履修要項』や『入学案内』や「ホームページ」にも、誤ったまま記載されていた。諸会議を経ているので、作成者のせいにすることはできない。「修得」としなければならないのに「習得」で通る最大の原因は、漢字の意味及び正しい使い方を知らないからである。次に考えられるのは、無関心である。

　単位も「単位の修得」としなければならないのに、「単位の取得」と誤用している大学がある。「取得」は、免許や資格などを得る場合に使われる。修得と習得と取得の区別ができていない大学があるのは驚きである。

　「受賞」と「授賞」の区別ができないことにも驚かされたことがある。「受賞」の「受」は「受ける」なので、賞をもらう人の立場が使う。それに対して、「授賞」の「授」は「授ける」なので、賞をあげる立場の人が使う。この区別ができていない。用語の使い方がおかしいと指摘しても、具体的に説明するまで気づかない。

　言葉（文字）は気持や考えなどの全てを伝えることはできないが、重要なツールである。事実、図書や論文などは文字中心に書かれ、授業や発表も言葉中心に行われる。

　教師にとって、言葉（文字）は生命線である。言葉（漢字・文字）の正しい使い方ができて当然なのに、現状は課題が多い。

　いずれにしても、教師にとって、言葉や漢字・文字はとても重要な表現手段である。意味を正しく理解して、正しく使えるようにならなければならない。

③　書体（フォント）が統一されている

　見出しは「ゴシック体系」、本文は「明朝体系」を使いことが多い。しかし、ワードを初期設定のまま使用すると、本文の日本語が「明朝体」でも、英数字が自動的に「センチュリー体」になる。そのため、一つのセンテンスに「明朝体など（仮名・漢字）」と「センチュリー体（英数字）」の二つの書体が混じる。その結果、「明朝体」などの仮名や漢字に比べて、「センチュリー体」の英数字が目立っているものが少なからずある。英数字を本文と同じ書体にするには、英数字も本文と同じ書体になるように初期設定を変更してから使用しなければならない。残念ながら、このことを理解している人は少ない。

④　見やすい頁構成になっている

　文章が第一だが、レイアウトや見やすさも同じくらい重要である。見にくい資料も少なくない。いくら内容がよくても、見にくい資料は決してよい資料とは言えない。

　B5判はモデルも多く、A4判よりも小さいので構成がそれほど難しくない。現在スタンダードになっているA4判は大きいので、相当考えないと締まりのない頁構成になる。印刷所に文字原稿・図・表・写真を別々に渡して、レイアウトを任せるのではなく、発注側（教員）でレイアウトしたほうが意図どおりに仕上げられる。その際、見て美しい「文字の大きさ」「行間」「図・表・写真の大きさと配置」を考えなければならない。また、レイアウトした完全原稿を渡すと、印刷代も安いし、納期も早い。

　撮影した写真をそのまま使った結果、余分なものが写っていたり、不鮮明だったりする写真も少なくない。とくに、カラー写真をモノクロで印刷する場合は修正しないと不鮮明になることが多い。写真を修正する技術は、必ず身に付けたい。

ア　綴じ代を考える

　パソコンで作成する資料であれ、コピーした資料であれ、多くの情報を詰め込みたい教員は余白を残さなければならないことにまで意識が向かない。余白が少ないために、ファイルに閉じるとプリントされた箇所に穴が空いたり、押さえの金具で一部が隠れたりする。せっかく苦労して作成しても、余白が不足

なので綴じるのに適さない資料となる。綴じ代は、は最低でも 25mm は確保しなければならない。

イ　行間を考える

　文字数を多く詰め込んだ結果、行間が窮屈で、大変読みにくい資料も散見される。無理に頁に収めて行間が窮屈になると、行を追ってスムーズに読むことができない。行間を詰めるにしても、限度がある。読みやすい文字の大きさ・文字間隔・行間隔を考えて、資料を作成しなければならない。資料は、文字列だけでなく、空白の列も一体であることを忘れてはならない。

ウ　文字の大きさを考える

　情報を多く詰め込みたい場合は、必要以上に小さな文字にしている資料がある。手書きの資料や活版印刷の頃は、小さな文字にするにも限界があった。しかし、現代は縮小コピーもあるし、パソコンで限りなく小さな文字にすることも可能であるが、見やすい大きさの文字にしなければならない。

　本文が極端に小さな文字になっているものは少ないが、図表などでは判読しづらい小さな文字が散見される。もともと小さなスペースに、図表を無理にはめ込むからである。しかも、本文との余白も窮屈になる。小さすぎる図表が、余白の少なさとも相まって、ますます見にくくなる。

　図表は、本文よりも重要である。文字の大きさになどに配慮した、見やすい図表、見やすい資料にしなければならない。

エ　A3 両面印刷は A4 に折ることを考える

　A3 を両面印刷する場合は、A4 に折ることを想定して頁番号を入れなければならない。A3 の表に 1 頁と 2 頁、裏に 3 頁と 4 頁と順番に頁を入れると、A4 に折った場合は頁が 4 − 1 − 2 − 3 になる。折った時に頁順となるためには、頁は 4 − 1 − 2 − 3 の順にしなければならない。しかし、A4 に折ることを想定して頁番号を入れると、A3 を折らないと頁順にならない問題が出てくる。

　手で折ってもよいし、紙折機があれば短時間でできる。A3 に両面印刷しても、A4 に折ってから配布するのがベストである。A3 のまま配布するのは、教員が A4 に折る手間を省きたいからである。折るのがめんどうなら、A3 の

まま配布して、授業の冒頭でA4に折らせればよい。

オ　揃える

　見出しや名前などの文字の幅は、揃えると見やすくなる。製本されている名簿を見ると、名前の表記は両端がきれいに揃っている。ただし、均等割はしていない。5文字もしくは7文字のルールがある。いわゆる、5文字原則、7文字原則である。見やすいものは無意識に見るが、見やすい名簿にはルールがある。

　名前以外も、揃えられるところをできるだけ揃えると、同じ資料でも見違えるほど見やすくなる。資料ができたら、誤字や脱字はもちろん、見やすさにも配慮しなければならない。

　見にくい資料は見にくさを感じるが、見やすくきれいな資料は自然と目に入るので、見やすくきれいな根拠までは探さないし、気づかない。見やすくきれいな資料に触れたら、その根拠を探して、参考にしなければならない。

カ　記号類を多用しない

　強調するために不要な記号をたくさん使ったり、アンダーラインや囲み文字や色などを多用している資料をよく見かける。これらの多用によって資料がにぎやかになって見にくくなる。逆効果である。基本は、なくてもよいものは使わないことである。不要なものがなければスッキリして、見やすくなる。

　記号・アンダーライン・囲み文字・色など加えて複雑にするよりも、書体を変えるだけでも見やすくなる。

　記号類などを多用する教員は、それぞれの記号類などの正しい使い方を知らないからである。知らないから、自己流で使う。色・記号類・フォントなどの多用によってお互いがじゃまをし、重要な情報が焦点化しない資料・書類・ポスター・チラシになる。

　一方、一流のデザイナーや編集者が関わったものは、余分なものは一切なく、すっきりしている。素人が作成したものほど、にぎやかになるのは否定できない。

　ところが、現代は誰でもパソコンで簡単に作成することができるので、恐れを抱かず、安易に作成する。

5　パワー・ポイント偏重を憂う

　ICT（パソコンなどの情報通信技術）を一切使用しない、感動的な発表も決して少なくない。発表の手段は、板書（白板・黒板）・図表・写真・スライド・実物投影機・教材の実物・プリント（配布資料）など多様に考えられる。スライドや実物投影機はパソコンが代用できるとしても、大事なことは、教師の思いや考えがきちんと伝えられるとともに、子どもの姿が生き生きと伝えられる方法でなければならない。どのような方法で、どのような内容を発表するかは極めて難しい問題である。じっくり考え、じゅうぶんな時間をかけて準備しなければならない。

　しかし、授業でも発表や講演でも、なぜかパワー・ポイント全盛である。パワー・ポイントは魅力的なアプリケーションの１つであるが、熟慮せずに安易に使っている傾向は否定できない。使い方は一考を要する。

（1）「プレゼンのアプリケーション＝パワー・ポイント」ではない

　最終的にプレゼン用のアプリケーションを使うとしても、「プレゼン用のアプリケーション＝パワー・ポイント」ではない。類似のものに、キィ・ノートもある。また、「プレゼン＝プレゼン用のアプリケーション」と決めつけてはならない。PDFデータを、グッド・リーダーなどで扱ってもよい。写真のアプリケーションなどでもよい。多様なアプリケーションの特徴を理解したうえで、プレゼンの内容に合致したアプリケーションを使うべきである。例えば、名刺は名刺作成専用のアプリケーションでも作成できるが、イラストレーターなどのアプリケーションでも作成できる。

　また、パソコンによるプレゼンが多いが、タブレットやスマートフォンなどによるプレゼンも増加している。いずれにしても、優れたプレゼンに触れたら、使用している機器やアプリケーションを確認するとともに、プレゼンの効果的な使い方を学ばなければならない。そのためには、民間企業や他分野などからも学ぶべきである。筆者には、医療系、デザイン系、民間企業（Apple

社など）のプレゼンがとても新鮮であった。

（2） パワー・ポイントを使うと教員は楽ができる

　パワー・ポイントで資料を作成するときは労力を要するが、一度作成すれば使い回しができる。また、配付資料も、パワー・ポイントの印刷機能を使えば、簡単に印刷できる。ガリ版・青焼き・実物投影機・スライドを使っていた時代に比べると、仕事の効率も向上し、現代は教員にとって便利な時代である。

　パワー・ポイントの最大の問題点は、情報が多いと文字が細かくなって見にくくなるので、おのずと、少ない情報にしなければならない。結果的に、要点をパワー・ポイントの画面や資料で示し、重要な説明は口頭になりがちである。重要な説明をメモすることに追われるのは、問題である。また、パワー・ポイントの画面をそのまま印刷した資料を後から見ても大事なことは書かれていないので、大して参考にならない。

　パワー・ポイントの要点を画面で示すことはあってもよいが、パワー・ポイントの画面を安易にそのまま印刷して配布すると教員は楽だが、視聴者にとっては有益ではない。視聴者に伝えたいことは、詳細な資料を別に作成して配布すべきである。

　教員がパワー・ポイントを使用するのは自由だが、教員のために使ってはならない。パワー・ポイントの功罪を吟味して、視聴者のためになる効果的な使い方をしなければならない。教員養成系大学の教員こそ、学生がまねしたくなる、質の高いプレゼンができなければならない。

（3） 見にくいパワー・ポイント

　情報が多すぎて見にくいもの、子どもだましと思えるくらいアニメーション過多のものは論外である。

　資料は内容が最も重要であるが、見やすさにも配慮が必要である。パワー・ポイントは、プロジェクターの光を通して布や壁に投影される。光は基本的に、まぶしい。人間の眼球は、明るさに弱い。光が強いと、反射的に虹彩が絞られる。白地に黒文字だと、まぶしいうえに、白と黒がハレーションを起こして、

大変見にくくなる。

　それなのに、白地に黒文字のなんと多いことか。目に優しく、見やすい画面を作成しなければならないことにまで思いがいかないのである。

　昔のブルー・スライドは、青地に白抜き文字で、見やすく、眼に優しかった。ブルー・スライドと違って、今のパソコンでは背景色も文字色も自由に変えられるのに、なぜ、見やすく、眼に優しい背景色（暗い色）と文字色（白色系）の配色を考えないのか不思議でならない。

（4）　教卓に縛られるパワー・ポイント

　画面の切り替えや指示のためにレーザー・ポインターを使うにしても、机付近からあまり動かずに、パワー・ポイントを使い続ける場合が少なくない。パワー・ポイントを使うからといって、教卓に縛られることはない。授業者・発表者の効果的な立ち位置を考える必要がある。

　パソコンとプロジェクターをワイヤレスのワイファイでつないでも、パソコンを持ち歩きながらプレゼンすることは難しい。その点、タブレットだと小さくて軽いので自由に持ち歩けるし、必要な箇所を瞬時に拡大することもできる。iPad はパソコンに比べると反応が少し遅かったり、アップルＴＶにつなぐと画面が少し小さくなったりするが、ワイファイが届く範囲であればどこからでも操作することができる。アップル TV には、iPhone などのスマートフォーンの接続も可能である。パソコンでなくてもいろいろできる時代である。

注

第Ⅰ部
第1章

1) 島崎三郎「Aristoteles の Nomina Anatomica ― 西洋古代解剖学史より ―」『解剖学雑誌』第 38 巻第 1 号、1963、pp.70-76。

2) 三木成夫『生命の形態学 ― 地層・記憶・リズム ―』うぶすな書院、2013、p.40。

3) 三木成夫『ヒトのからだ ― 生物史的考察』うぶすな書院、1997。

4) 成田 孝「表現の意味について ― ルートヴィッヒ・クラーゲスに依拠して ―」『弘前大学教育学部教科教育研究紀要』第 1 号（通巻 12 号）、1985、pp.89-98。

5) 吉増克實・星野恵則・小谷幸雄編『人間学と精神病理学 ― 赤田豊治精神病理学論集 ―』うぶすな書院、2006、p.315。図は説明を追加するとともに、タイトルも一部修正した。

6) 平澤伸一「訳者後書きおよび訳語について ― 解説に代えて ―」『心情の敵対者としての精神第 1 巻』うぶすな書院、2008、p.x ⅷ。

7) 赤田豊治「訳者あとがき ― 動向論を中心として」ルートヴィッヒ・クラーゲス／赤田豊治訳『性格学の基礎』うぶすな書院、1991、p.275。

8) 吉増克實「三木形態学と現実学」三木成夫『ヒトのからだ ― 生物史的考察』うぶすな書院、1997、p.221。

9) 吉増克實・星野恵則・小谷幸雄編、前掲書、p.158。成田 孝『障がい者アート ―「展覧会」と「制作活動」の在り方 ―』大学教育出版、2019、pp.132-134。

10) 吉増克實・星野恵則・小谷幸雄編、前掲書、p.158。

第2章

11) 吉増克實・星野恵則・小谷幸雄編、前掲書、p.159。

12) ルートヴィッヒ・クラーゲス／赤田豊治訳、前掲書、巻末別表。

13) ルートヴィッヒ・クラーゲス／赤田豊治訳、前掲書、巻末別表。

14) 成田 孝、前掲書『障がい者アート ―「展覧会」と「制作活動」の在り方 ―』p.142、一部修正。

第3章

15) 吉増克實、前掲書、p.230。

16) 吉増克實、前掲書、p.222。

17) 吉増克實、前掲書、pp.223-224。

18) ハンス・E・シュレーダー「ルートヴィッヒ・クラーゲスの生涯と業績」ルートヴィッヒ・クラーゲス／千谷七郎・平澤伸一・吉増克實訳『心情の敵対者としての精神第 3 巻・第 2 部』、

うぶすな書院、2008、p.2058。

19） 成田　孝、前掲書『障がい者アート ―「展覧会」と「制作活動」の在り方―』2019、pp.96-103。

20） 大島清次「再考『芸術と素朴』」『開館 10 周年記念記念特別展コレクション 10 年の歩み 芸術と素朴』世田谷美術館、1996、pp.11-14。

21） 大島清次、前掲書。

22） アウトプット展実行委員会編『どう見える？ 生きる跡 アート 青森県特別支援学校発 造形作品展の記録』、弘前大学出版会、2018。

第4章

23） ルートヴィッヒ・クラーゲス／赤田豊治訳、前掲書、1991、pp.32-33、p.283。

24） 成田　孝「『情操』概念に関する一考察」『大学美術教育学会誌』第 24 号、大学美術教育学会、1992、pp.11-19。

第Ⅱ部

第1章

25） 成田　孝『心おどる造形活動 ― 幼稚園・保育園の保育者に求められるもの ―』大学教育出版、2016、pp.170-176。

26） 成田　孝・廣瀬信雄・湯浅恭正『教師と子どもの共同による学びの創造 ― 特別支援教育の授業づくりと主体性 ―』大学教育出版、2015、p.6。一部修正。

第2章

27） 成田　孝・廣瀬信雄・湯浅恭正、前掲書、p.17。

第3章

28） 成田　孝・廣瀬信雄・湯浅恭正、前掲書、p.21。

29） 成田　孝・廣瀬信雄・湯浅恭正、前掲書、pp.23-25。

第5章

30） 林　竹二・伊藤功一『授業を追求するということ』国土社、1990、pp.55-59。

31） 成田　孝、前掲書『心おどる造形活動 ― 幼稚園・保育園の保育者に求められるもの ―』p.111。

32） 鹿児島大学教育学部 肥後祥治／雲井未歓／片岡美華・鹿児島大学教育学部附属特別支援学校編著『特別支援教育の学習指導案と授業研究 ― 子どもたちが学ぶ楽しさを味わえる授業づくり―』ジアーズ教育新社、2013、pp.80-84。

33） 成田　孝、前掲書『障がい者アート ―「展覧会」と「制作活動」の在り方―』pp.124-126。

34） 成田　孝、前掲書『心おどる造形活動 ― 幼稚園・保育園の保育者に求められるもの ―』pp.196-199。

35) 吉田茂孝「学びの評価の教授学」『アクティブ・ラーニング時代の実践をひらく「障害児の教授学」』福村出版、2019、pp.138-139。

第6章

36) 林　竹二・伊藤功一『授業を追求するということ』国土社、1990、pp.235-239。

第7章

37) 成田 孝『発達に遅れのある子どもの 心おどる土粘土の授業 ― 徹底的な授業分析を通して ―』黎明書房、2008、pp.136-139。

38) 成田 孝、前掲書『発達に遅れのある子どもの 心おどる土粘土の授業 ― 徹底的な授業分析を通して ―』pp.84-89。

39) 鯨岡 峻・鯨岡和子『保育のためのエピソード記述入門』ミネルヴァ書房、2007. pp.68-99。

40) 鯨岡 峻・鯨岡和子、前掲書、pp.58-61。

41) 鯨岡 峻『関係発達論の構築』ミネルヴァ書房、1999、p.110。

42) 鯨岡 峻、前掲書、p.122。

43) 鯨岡 峻・鯨岡和子、前掲書、pp.73-80。

44) 成田 孝・廣瀬信雄・湯浅恭正、前掲書、pp.30-31。

45) 成田 孝・廣瀬信雄・湯浅恭正、前掲書、pp.59-61。

46) 小野成視『ひかりは たもち 授業を創る ― 三本木小でおこったこと』評論社、1994。

47) 弘前大学教育学部附属養護学校「図画工作・美術」班『豊かな心情の世界 ― 土粘土による制作過程と作品 ―』。

48) 井上隆雄『土に咲く ― 美のメッセージ、障害者施設から。』ミネルヴァ書房、1985。

49) 吉永太市編『遊戯焼生の象形 ― 麦寮生の足跡から』田村一二記念館、2015。

参考文献 (以下に紹介したクラーゲス及び三木成夫の著作を含む)

・桜井 弘『金属は人体になぜ必要か ― なければ困る銅・クロム・モリブデン……』講談社、1996。

ルートヴィッヒ・クラーゲスの邦訳

・『意識と生命』小立稔訳、畝傍書房、1943。

・「エロス論」『愛情論』富野敬邦訳、萬里閣、1946。

・『表現学の基礎理論』千谷七郎編訳、勁草書房、1964。

・『人間学みちしるべ』千谷七郎編訳、勁草書房、1972。

・『人間と大地』千谷七郎他訳、うぶすな書院、1986。

・『性格学の基礎づけのために』千谷七郎・柴田収一訳、うぶすな書院、1988。

・『性格学の基礎』赤田豊治訳、うぶすな書院、1991。

（『性格学の基礎』、千谷七郎・詫摩武元訳訳、岩波書店、1957。）

・『宇宙生成的エロース』、田島正行訳、うぶすな書院、2000。

・『心情の敵対者としての精神 第1巻』千谷七郎・平澤伸一・吉増克實訳、うぶすな書院、2008。

・『心情の敵対者としての精神 第2巻』千谷七郎・平澤伸一・吉増克實訳、うぶすな書院、2008。

・『心情の敵対者としての精神 第3巻・第1部』千谷七郎・平澤伸一・吉増克實訳、うぶすな書院、2008。

・『心情の敵対者としての精神 第3巻・第2部』千谷七郎・平澤伸一・吉増克實訳、うぶすな書院、2008。

・『意識の本質について』平澤伸一・吉増克實訳、うぶすな書院、2010。

（『意識の本質について』千谷七郎訳、勁草書房、1963。）

・『生命と精神』平澤伸一・吉増克實訳、うぶすな書院、2011。

（『生命と精神 ― L・クラーゲスの面影』、千谷七編訳、勁草書房、1968。）

・『リズムの本質について』平澤伸一・吉増克實訳、うぶすな書院、2011。

（『リズムの本質』杉浦　実訳、みすず書房、1971。）

・『心情研究者としてのゲーテ』田島正行訳、うぶすな書院、2013。

・『ニーチェの心理学的業績』柴田収一・千谷七郎訳、うぶすな書院、2014。

クラーゲス人間学を理解するために（主なもの）

・松永　材『クラーゲスのエロスの哲學と母性』風間書房、1949。

・フラウヒゲル・赤田豊治訳「人間性情と動物性情との相違」『医学のあゆみ』第70巻第3号、1969、pp.131-140。

・『理想』クラーゲス特大号 1972年12月号 No.475、理想社、1972年。

・千谷七郎『遠近抄』勁草書房、1978。

・今井健一「ルートヴィヒ・クラーゲスについて」『行丘』復刊号、行丘詩社、1980。

・赤田豊治「訳者あとがき ― 動向論を中心として」『性格学の基礎』うぶすな書院、1991、p.275-292。

・ハンス・E・シュレーダー「ルートヴィッヒ・クラーゲスの生涯と業績」千谷七郎・吉増克實訳『心情の敵対者としての精神 第3巻・第2部』、うぶすな書院、2008、pp.2039-2065。

・平澤伸一「訳者後書きおよび訳語について ― 解説に代えて ― 」『心情の敵対者としての精神 第1巻 解剖学論集』うぶすな書院、2008、pp.i-xxvi。

・平澤伸一「第2巻訳者後書き」『心情の敵対者としての精神 第2巻』うぶすな書院、2008、pp.i-xvii。

三木成夫

- 『内臓のはたらきと子どものこころ（みんなの保育大学〈6〉）』築地書館、1982。
- 『胎児の世界 人類の生命記憶』中央公論社（中公新書）、1983。
- 『生命形態の自然誌 第1巻 解剖学論集』うぶすな書院、1989。
  （『第2巻 基礎解剖論・保健論・保健論集』、『第3巻 形態論・生命論集』は未刊。）
- 『海・呼吸・古代形象 — 生命記憶と回想』うぶすな書院、1992。
- 『生命形態学序説 — 根原形象とメタモルフォーゼ』うぶすな書院、1992。
- 『人間生命の誕生』築地書館、1996。
- 『ヒトのからだ—生物史的考察』うぶすな書院、1997。
  （初出『原色現代科学大事典 6 — 人間』に、6氏の解説が付いたもの。）
- 『内臓とこころ』河出書房新社（河出文庫）、2013。
- 『生命の形態学 — 地層・記憶・リズム』うぶすな書院、2013。
  （初出『綜合看護』、「生命の形態学」として昭和52年8月から昭和54年8月まで6回連載。「生命の形態学」の全文［1回〜6回］が『生命形態の自然誌（第1巻）』に、1回〜3回が『生命形態学序説』にも収納されている。）
- 『生命とリズム』河出書房新社（河出文庫）、2013。
- 『三木成夫 いのちの波』平凡社、2019。

三木成夫を理解するために（主なもの）

- 東京医科歯科大学医学部解剖学教室・東京芸術大学美術学部美術解剖学研究室編『三木成夫先生業績目録』1988。
- 『三木成夫追悼文集』三木成夫追悼文集編集委員会（東京医科歯科大学医学部第一解剖学教室内）、1989。
- 『現代思想』特集 — 三木成夫の世界、vol.22-3、青土社、1994。
- 『モルフォロギア』三木成夫の思想、第16号、ナカニシヤ出版、1994。
- 三木成夫『ヒトのからだ — 生物史的考察』うぶすな書院、1997。に収蔵されている以下6氏の解説。
  ① 高橋義人「原型論の歴史とともに — ゲーテから三木成夫まで —」
  ② 吉本隆明「三木成夫の『ヒトのからだ』に感動したこと」
  ③ 今泉準一「其角と三木生物学」
  ④ 小板橋喜久代「からだに内蔵された植物との対話」
  ⑤ 吉増克實「三木形態学と『現実学』」
  ⑥ 後藤仁敏「人体の歴史的理解と三木成夫の人間観」
- 『詩と思想』特集 からだに訊く、No.184 2001年4月号、土曜美術社出版販売。
- 『SAP』特集 — 三木成夫の形態学をめぐって、2002 No.9、セゾンアートプログラム、2002。

・吉増克實「三木成夫といのちの世界」連載（6回）。第1回（Vol.101 No.4、pp.8-17、2002）、第2回（Vol.101 No.6、pp.8-16、2002）、第3回（Vol.101 No.8、pp.10-19、2002）、第4回（Vol.101 No.10、pp.55-63、2002）、第5回（Vol.101 No.12、pp.15-23、2002）、第6回（Vol.102 No.2、pp.42-51、2003）、『幼児の教育』、日本幼稚園協会、2002-2003。
・『考える人』特集 生命記憶、2003年春号、新潮社。
・西原克成『生命記憶を探る旅 三木成夫を読み解く』河出書房新社、2016。
・布施英利『人体5億年の記憶：解剖学者・三木成夫の世界』海鳴社、2017。
・和氣健二郎・養老孟司・後藤仁敏・坂井建雄・布施英利編『発生と進化 ― 三木成夫記念シンポジウム記録集成』哲学堂出版、2020。

この図書は、1989年から2010年まで、東京大学・東京医科歯科大学・順天堂大学・東京藝術大学・鶴見大学を会場に19回開催さた「三木成夫記念シンポジウム『発生と進化』」の要旨（第1回〜第3回を除く）が全体の約4割、「三木学に関する4氏の論文」「三木成夫についての対談とエッセー」「三木成夫の生涯と業績」が約5割、約1割が三木成夫の2つの論文で構成されている。

なお、2013年3月30日にサンポートホール高松・かがわ国際会議場で開催された第118回日本解剖学会総会・全国学術集会の教育講演「香川が生みだした思想家・解剖学者、三木成夫の生涯と業績」で三木成夫記念シンポジウムの活動が事実上終了している。この教育講演の要旨も、本書に収められている。

あ と が き

　一人一人の子どもが輝く授業を創り上げていくことは、極めて難しい。特効薬もなければ、マニュアルもない。意欲だけでできる甘いものではない。

　多くの課題を抱えている教育を変えるためには、教師自身が考えを変えなければならない。教師の精神が「執我」ではなく「捨我」でなければ、子どもの生命は輝くことができない。本書では、教師が根本的に変わらなければならないのは教師の「精神・思考」であることを明らかにした。

　教育も、常識に従うと楽である。一人一人の子どもが輝いていると断言できる授業なら、常識に添った授業を展開すればよい。しかし、子ども一人一人が授業で輝いている現状ではない。一人一人の子どもが輝く授業を創造していくためには、常識を疑い、授業を徹底的に吟味しなければならない。

　まず、本書で述べた「教師の精神・思考の本質」をきちんと理解しなければならない。そのうえで、一人一人の子どもが輝くための題材や支援を他から積極的に学びながら、教師自身が考え、試行錯誤していくしかない。そのためには、授業研究の日常化と深化が不可欠である。

　教師にかぎらず、知は自分以外の栄養に大きく依存している。クラーゲスは、ニーチェ・バッハオーフェン・シューラーなどの影響があると言われている。三木成夫も、クラーゲスなどの影響を読み取ることができる。このように、知は脈々と受け継がれている。教師も、子どもという生命が輝く授業を探究するために他からの栄養を積極的に探して取り込んでいかなければならない。

　筆者が45年間に勤めた職場は、中学校・知的障碍及び肢体不自由養護学校・大学である。担当した教科・領域は、美術・作業学習・生活単元学習・体育・小学校教員及び幼稚園教員免許に関わる造形関連科目などである。幅広いと言えば聞こえはよいが、特定の分野一筋に実践・研究を深めてきたきた人からすると、バラバラで、浅く、一貫していない。

しかし、その中での主たる関心事は、校種や教科・領域を越えた「教授学（授業学）」であり、「クラーゲス人間学」「三木学」であった。

本書は、「教授学（授業学）」及び「クラーゲス人間学」「三木学」をベースにしている。また、授業や研究に関しては、45年間の教員生活で感じたことを率直に書かせていただいた。一人一人の子どもの輝きを願う視点から、おのずと辛口になっている。問題・課題が大きくかつ多いほど、解決すれば大きく飛躍できる。

教師の自我は強固なので、自分の考えを変えていくのは至難の業である。授業をいくら徹底的に研究しても、自分の力量の範囲内では授業を本質的に変えることができない。子どもたちの前で立ち往生したり、他人から厳しく批評されたり、他人の授業を参観して自分の授業の未熟さを痛感したり、他人の文献に引き込まれたりするなどの、自分の力量不足を思い知る体験がなければ授業改善のスタート台に立つことはできない。この体験が強ければ強いほど、授業改善へのエネルギーが高まる。その結果、貪欲に他から学ぶことを通して開眼し、自分の力量が少しだけ高まる。そして、授業が質的に変わる。

発達の最近接領域は、子どもにだけ当てはまるのではない。子どもが何かができたり、何かが分かっても、自分がそのときに持っている能力の範囲内では決して発達したとは言えない。他から影響を受けて、現在の水準よりも一歩高まることが発達である。教師も、死にものぐるいで他から学んで最近接領域に自ら登らなければならない。ここで初めて教師の力量が高まる。自分の考えや実践を本書に照らし、少しでも授業改善及び教師自身が変わるきっかけになれば幸いである。

本書は、自分の授業を是としている教師にとっては関心すら持てないであろう。しかし、一人一人の子どもが輝く授業を創り上げたいと日々悩んでいる教師にとっては、激励書であり、応援書でありたい。

ルートヴィッヒ・クラーゲス（1872-1956、哲学）と三木成夫（1925-1987、東京医科歯科大学解剖学教室助教授・東京藝術大学教授、比較解剖学）、2人の東西の碩学の存在を教えてくれた今井健一（高校教員）に感謝したい。また、ドイツ語が不得意な筆者にとって東京女子医科大学精神医学教室教授の千

谷七郎（1912-1992）・赤田豊治（1926-1995）・平澤伸一・吉増克實等の著書や解説及びクラーゲス翻訳書などにどれだけ助けられたことか。心から感謝したい。

　筆者はクラーゲス人間学をろくに勉強していないので、浅学菲才の誹り は免れることはできないが、クラーゲス人間学に対する関心に免じて、一筋縄ではいかないクラーゲス人間学に恐れ多くも言及したことをお許しいただきたい。

　ゆえに、クラーゲス人間学の表面をなぞったにすぎず、誤謬が多いことは承知している。率直かつ遠慮のない厳しい指摘を期待したい。

　さらに、障碍児教育を通して教授学の重要性を学ばせていただいている廣瀬信雄（山梨大学教授）及び湯浅恭正（中部大学教授）との出会いに感謝したい。

　授業で子どもの学びを創造する厳しさを具体的に学ぶことになった、「授業を考える会（代表 伊藤功一［小学校長］）」との出会いに感謝したい。「授業を考える会」は 1975 年から 2000 年までの四半世紀に、青森県の十和田湖近くの蔦温泉や焼山中心に 50 回開催されている。提案された授業の具体的事実から、学びが創造されたかを、伊藤功一、宮城教育大学教授の小野四平・武田忠・岩浅農也らによって鋭く吟味されていた。

　「授業を考える会」のような、授業の本質を鋭くえぐり出す研究会はほかに知らない。授業はさまざまな場所（校内授業研究会・校外の各種研究会・公開研究発表会・学会の自主シンポジウムなど）で議論されていると思うが、「授業を考える会」のような学びの本質に厳しく迫る議論を期待したい。

　最後に、本書の出版を快諾いただいた、大学教育出版代表取締役佐藤守様及び編集担当の中島美代子様に、心から感謝申し上げる。

2020 年 5 月

古希の年　津軽にて　　成田　孝

■ 著者紹介

成田　孝 （なりた　たかし）

1950 年青森県生まれ。多摩美術大学卒業。4 年間の公立中学校
教諭、計 34 年間の県立・国立・私立の養護学校教諭、7 年間の
大学教授を歴任。第 12 回（平成 3 年度）辻村奨励賞受賞。

主な著書は、『障がい者アート ―「展覧会」と「制作活動」の
在り方 ―』（大学教育出版、2019）、『心おどる造形活動 ― 幼
稚園・保育園の保育者に求められるもの ―』（大学教育出版、
2016）、『教師と子どもの共同による学びの創造 ― 特別支援教育
の授業づくりと主体性 ―』（共著、大学教育出版、2015）、『発
達に遅れのある子どもの心おどる土粘土の授業 ― 徹底的な授業
分析を通して ―』（黎明書房、2008）、「『情操』概念に関する一
考察」『大学美術教育学会誌 第 24 号』（1992）、「表現の意味に
ついて ― ルートヴィッヒ・クラーゲスに依拠して ―」『弘前大
学教育学部教科教育研究紀要 第 1 号』（1985）。

子どもの生命を脅かす教師の精神
― 子どもの生命が輝く、教師・教育・研究の在り方 ―

2020 年 7 月 10 日　初　版第 1 刷発行

■ 著　　者――成田　孝
■ 発 行 者――佐藤　守
■ 発 行 所――株式会社 大学教育出版
　　　　　　　〒 700-0953　岡山市南区西市 855-4
　　　　　　　電話（086）244-1268　FAX（086）246-0294
■ 印刷製本――モリモト印刷㈱

ISBN978-4-86692-093-1